Oráculo da Borra de Café

A Antiga Arte da Cafeomancia

Maicon Oliver

Oráculo da Borra de Café

A Antiga Arte da Cafeomancia

© 2021, Madras Editora Ltda.

Editor:
Wagner Veneziani Costa (*in memoriam*)

Produção e Capa:
Equipe Técnica Madras

Foto da Capa:
Caian de Sousa

Revisão:
Silvia Massimini Felix
Arlete Genari

Dados Internacionais de Catalogação na Publicação
(CIP)(Câmara Brasileira do Livro, SP, Brasil)

Oliver, Maicon
Oráculo da borra de café: a antiga arte da cafeomancia/Maicon Oliver. – São Paulo: Madras, 2021.
Bibliografia

ISBN 978-85-370-1239-0

1. Cafeomancia 2. Ciências ocultas 3. Esoterismo 4. Ocultismo 5. Oráculos I. Título.

20-32798   CDD-133.32424

Índices para catálogo sistemático:
1. Cafeomancia: Artes divinatórias: Ciências esotéricas   133.32424
Maria Alice Ferreira – Bibliotecária – CRB-8/7964

É proibida a reprodução total ou parcial desta obra, de qualquer forma ou por qualquer meio eletrônico, mecânico, inclusive por meio de processos xerográficos, incluindo ainda o uso da internet, sem a permissão expressa da Madras Editora, na pessoa de seu editor (Lei nº 9.610, de 19/2/1998).

Todos os direitos desta edição reservados pela

MADRAS EDITORA LTDA.
Rua Paulo Gonçalves, 88 – Santana
CEP: 02403-020 – São Paulo/SP
Tel.: (11) 2281-5555 – (11) 98128-7754
www.madras.com.br

Dedicatória

Dedico esta obra a Etelvina, minha avó que me conduziu no caminho mágico e me direcionou com tanta maestria, uma estrela que estará sempre presente em meus caminhos.

À minha mãe, Sonia, por permitir que meus caminhos estivessem de acordo com minhas escolhas, apoiando-me em todas as minhas decisões.

À magia, por me fortalecer por meio dos elementos da natureza, Terra, Ar, Fogo e Água.

Gratidão

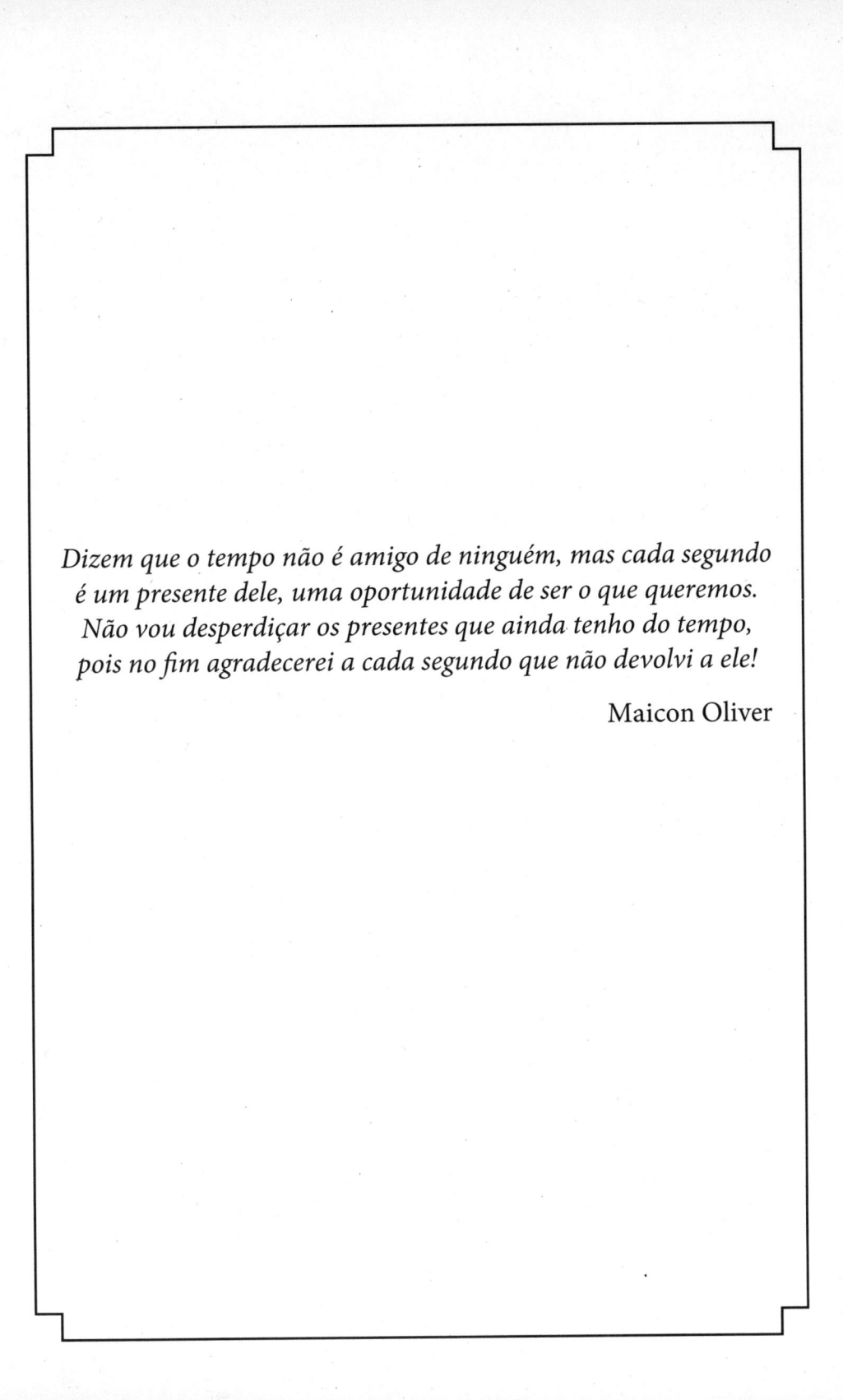

Dizem que o tempo não é amigo de ninguém, mas cada segundo é um presente dele, uma oportunidade de ser o que queremos. Não vou desperdiçar os presentes que ainda tenho do tempo, pois no fim agradecerei a cada segundo que não devolvi a ele!

Maicon Oliver

Índice

Apresentação 11

Capítulo 1 – A Trajetória do Café
    As lendas do café 13
    A história do café 17
    Café: Informações gerais 21
    Café e saúde 24

Capítulo 2 – A Arte da Cafeomancia
    A Cafeomancia 27
    O café a *la turca* 30
    As xícaras 32
    Consagração das xícaras e instrumentos 34
    Encantamento do café 35
    Ritualística de preparo para leitura 37

Capítulo 3 – O Oráculo e suas Magias
    A magia e os elementos da natureza 43
    Desvendando o fogo, a terra, a água e o ar 45
    Ritual para os quatro elementos 50

Métodos de leitura 52
Palavra-chave e mestras dos arcanos maiores 55
Banho preparatório para leitura do café 58

Capítulo 4 – Os Símbolos da Cafeomancia
Os números 62
As colunas 64
As cores e o peso da xícara 68
Animais de poder 69
Símbolos rúnicos 78
Signos da geomancia árabe 90
Letras 99
Partes do corpo 102
Símbolos diversos 104

Capítulo 5 – Seja um Cafeomante
Oito passos para um bom
atendimento/um bom profissional 123
Bibliografia 125

Apresentação

Olá!!!

Você já sentiu aquela vontade enorme de saber sobre seu futuro? Já notou como as pessoas ficam curiosas ao ouvirem a palavra "oráculo"? Há centenas de anos vivemos entre previsões e presságios do que será o destino do universo, algumas possíveis e outras absurdamente malucas, mas todas destinadas a nos fazer pensar de que forma será o dia seguinte, ou se casarei no próximo ano, comprarei um carro, se a saúde de um familiar será estabilizada ou até mesmo previsões de nossa partida para o outro plano.

Durante anos, é por meio dos oráculos que o ser humano busca sua evolução e o direcionamento de um novo caminho, e é por meio da forma oracular que abordarei neste livro um tema que tem crescido muito em todo o mundo, a cafeomancia, ou como é mundialmente conhecida, a leitura da borra de café.

Durante anos busquei o conhecimento desse oráculo, por meio de pesquisas e muito estudo, e sempre senti uma deficiência muito grande sobre o assunto. No Brasil, encontrei um livro sobre o tema, porém somente com pequenos detalhes do que é e do que seria essa arte oracular, e hoje tenho o prazer em falar que esta obra surgiu da necessidade de passar conhecimento e acrescentar aprendizado aos leigos e estudantes da cafeomancia, uma arte que por muito tempo foi escondida pelas tradições familiares dos povos árabes.

Este livro se destina a todos aqueles que buscam, de uma forma clara e objetiva, a verdade sobre essa arte e que até este momento trazem dúvidas sobre o surgimento e sua trajetória pelo mundo.

Nos capítulos, você ficará um passo à frente do conhecimento, pois descobrirá os segredos guardados dessa antiga tradição.

Caro leitor, vamos percorrer juntos, ao longo dos capítulos, um caminho mágico e misterioso entre o oculto e a realidade, e que esta seja uma experiência tão proveitosa como é para mim vivenciá-la.

Por isso, sente-se, pegue uma pequena xícara de café e lhe convido a entrar no caminho das areias do deserto.

Salaam Aleikum

Capítulo 1

A Trajetória do Café
As lendas do café

Neste capítulo, abordaremos a trajetória do café por meio de suas lendas e de suas diversas histórias e versões. Falaremos, ainda, sobre as especificidades do café, como o seu plantio, colheita, folhas, frutos e flor.

A lenda de Kaldi e as cabras do "diabo"

Uma das lendas mais conhecidas e que ganhou mais credibilidade é a de um pastor chamado Kaldi, da antiga Kaffa (Abissínia), hoje conhecida como Etiópia.

Em uma montanha árida e ressecada, enquanto tomava conta de seu rebanho de cabras, o pastor percebeu a ausência de um pequeno grupo de animais em seu rebanho. Durante as noites, alguns animais desapareciam por trás das montanhas por algumas horas e voltavam saltitantes. Kaldi estava convencido de que as suas cabras estavam possuídas pelo diabo, até que, curioso, uma noite seguiu os animais e observou que pastavam alegremente sobre pequenos grãos avermelhados que estavam abaixo de um arbusto de folhas verdes que ele nunca tinha visto antes. Reparou que após alguns minutos, depois de consumirem os grãos, as cabras e o "velho bode" dançavam sob a luz da lua cheia.

Kaldi, então, corajosamente apanhou alguns grãos e rapidamente os comeu com muito prazer e, de súbito, um sabor adocicado e com um leve frescor se fez presente em sua boca. Kaldi curiosamente começou a dançar sob a luz da lua com muita alegria e disposição, nunca se vira um pastor tão alegre.

Kaldi foi até o monastério onde comentou sobre os grãos com o monge, que decidiu experimentá-los, e os tomou em forma de infusão, percebendo, assim, que a bebida o mantinha acordado durante as longas noites de oração e de leitura. A notícia da tal bebida se espalhou rapidamente no monastério, aumentando, dessa forma, sua demanda.

Essas são as maiores evidências de que o primeiro cultivo do café foi nos monastérios islâmicos do Iêmen.

É importante ressaltar que uma bebida da Arábia considerada maometana com certeza seria repudiada pelos cristãos, que a conheciam como a "bebida do demônio"; porém, logo foi batizada e abençoada como a "bebida santa" pelo papa Clemente VIII, que absolveu toda culpa e negatividade que poderia haver no grão.

A lenda africana

Dizem que o café já era conhecido pelos africanos desde os tempos remotos e que de início as sementes moídas eram utilizadas como uma pasta que era feita de alimento aos animais. A mesma pasta era ingerida antes do combate para dar disposição aos guerreiros. Tomados como escravos, esses homens foram levados até a Península Arábica e o estranho alimento foi conhecido pelos árabes, que de início o utilizavam em forma de infusão, surgindo aí a possível origem do café.

A lenda de Omar

Outra versão nos relata a história de um fanático religioso expulso de seu monastério e que se refugiou nas montanhas áridas da Arábia. Ali, então, resolveu experimentar alguns grãos avermelhados de sabor amargo que cresciam em um arbusto. Logo de início, tentou melhorar o sabor tostando-os no fogo, porém isso os tornou quebradiços, assim ele tentou amolecer os grãos na água. Percebeu, dessa forma, que a água na qual os grãos estavam imersos se tornou marrom, e então o sr. Omar (assim registrado na história) bebeu e descobriu como a bebida o deixava bem e revigorado. Esse acontecimento ocorreu próximo ao século XIII, porém muito antes disso o café já crescia à vontade na Abissínia.

A lenda de Alá

Entre os árabes, conta-se que, há muitos anos, Alá, pela voz do profeta Maomé, lhes proibiu o uso de vinho. Eles obedeceram, mas andavam tristes e melancólicos, sem terem uma bebida reconfortante.

Certo dia de verão, um pastor ia pelo campo com seu rebanho e, tanto ele como seus animais, caminhavam com indolência, por estar um calor sufocante.

De repente, a paisagem transformou-se e apareceu um vale cheio de arbustos muito verdes. Assombrado, o pastor apanhou um punhado de grãos dos arbustos e foi contar a um velho mago o que acontecera.

Ele ferveu os grãos em água e obteve um líquido aromático – CAFÉ – que os dois homens beberam, sentindo logo uma alegre sensação de vivacidade. Acharam então que aquilo tinha sido uma dádiva de seu Deus para compensá-los da proibição de beberem vinho.

A lenda de Jesus Cristo

Conta uma lenda que Jesus Cristo, atravessando sua "Via Crucis", cansado e com muita sede, pede caridosamente água, porém ninguém o atende. Uma mulher pega um galho na encosta de uma montanha e o sacode diante da face de Jesus.

Jesus levanta a cabeça, contempla a árvore e diz: – "Ó árvore amiga, és desprezada por todos os homens que somente amam as árvores que dão frutos e contigo tal não se dá; mas, de hoje em diante, tua sorte vai mudar. Passarás a dar frutos e eles servirão para apagar a maldade do coração humano". Após dizer isso, Jesus prossegue em seu doloroso caminho com a cruz. No dia seguinte, surgem nos arbustos frutinhos vermelhos que todos começaram a provar e a agradecer.

A lenda continua...

Deus, vendo a necessidade do profeta Maomé, enviou o arcanjo Miguel para que lhe entregasse uma xícara de café para abençoá-lo com vigor e força na batalha.

A história do café

Descoberto no centro do continente africano (Abissínia), hoje Etiópia, sabemos que foram os árabes que difundiram a maravilhosa bebida pela Europa, pois até o século XVII esconderam as plantações para que não fossem descobertas, pois muitos acreditavam que a bebida era abençoada por Alá (Deus).

Por quase 500 anos, os árabes usufruíram da exclusividade do café, até que no século XVII Baba Budan, um curandeiro indiano que estava em peregrinação a Meca (uma cidade da Arábia Saudita considerada a mais sagrada no mundo para os muçulmanos), gostou tanto da bebida devido ao seu sabor, poder e o aumento de sua espiritualidade após consumi-la que, em uma noite escura, "roubou" sete grãos férteis (sete grãos porque o número 7 é considerado sagrado no Islã), colocou os grãos em seu bolso e os contrabandeou para fora de Meca. Esse episódio custou a vida do curandeiro, porém os grãos finalmente chegaram à Índia, onde foram plantados e deram frutos. Hoje Baba Budan é reverenciado na Índia como o libertador do café, existe até um santuário em sua homenagem.

No mesmo século XVII o café chegou à Europa e foi um sucesso instantâneo. Os holandeses monopolizaram o comércio do grão plantando em suas colônias e estufas, mas logo cometeram um grande erro: deram de presente uma pequena muda ao rei Luís XIV da França. Na Europa, era comum haver grãos inférteis, mas uma planta viva e forte era extremamente difícil...

O rei Luís XIV planejou uma grande e sofisticada estufa para esconder o maravilhoso grão e suas mudas, ordenou que elas fossem plantadas em uma estufa no "Jardin dês plantes", o Jardim Real em Paris, porém, enquanto o rei não tinha interesse em dividir seu grão milagroso, outro homem tinha grandes planos na Europa, mas primeiro ele teria de pôr as mãos na planta do rei.

Gabriel Mathieu de Clieu, oficial da marinha da França que estava de licença em Paris, se incumbiu de levar uma muda de café para a sua propriedade rural na Martinica, pois queriam competir com o comércio global dos holandeses.

De Clieu pede ao rei Luís um pedaço de sua planta real, mas ele lhe nega de imediato. Sendo assim, De Clieu, durante uma noite escura, entrou na estufa e roubou um pequeno pedaço da planta, fugindo sem ser visto...

Após um ataque pirata ao seu navio, tentativas de roubo à sua planta e tempestades marítimas, o soldado consegue chegar à Martinica. Sob sua guarda constante, consegue fazer com que a planta cresça e dê grãos, chegando a obter, em 50 anos, mais de 18 milhões de outras mudas...

O governo brasileiro queria uma parte do comércio do café, mas não tinha a planta. Então, em 1727, em missão especial, o tenente-coronel Francisco de Melo Palheta foi enviado para buscar algumas mudas na Guiana Francesa. De início, sua missão era a de disputa de fronteiras, mas, na realidade, sua viagem foi unicamente para conseguir a planta. No século XVIII, as plantas eram muito bem guardadas, todas vigiadas constantemente...

Nesse caso, Francisco sabia que seria impossível adquirir essa planta de uma forma fácil e amigável, sendo assim, buscou uma forma inusitada de possuir a sagrada planta. Palheta era conhecido por seu charme e sua beleza, foi então que, na ocasião de sua despedida, recebeu como forma de agradecimento, de forma escondida, uma muda do grão tão cobiçado ao meio de um ramalhete de flores, da esposa do governador da capital de Caiena, Marie Cloud.

Essa muda cresceu e fez do Brasil um dos maiores produtores do grão, hoje há mais de 6 bilhões de plantas de café no Brasil.

As primeiras plantações ocorrem na Região Norte, mais especificamente no estado do Pará, em uma cidade pequena próxima a Belém; as mudas foram usadas para plantios no Maranhão e na Bahia, na Região Nordeste.

As condições climáticas não eram as melhores nessa primeira escolha e, entre 1800 e 1850, tentou-se o cultivo em outras regiões: o desembargador João Alberto Castelo Branco trouxe mudas do Pará para a Região Sudeste e as cultivou no Rio de Janeiro, depois em São Paulo e Minas Gerais, locais onde o sucesso foi total. O negócio do café começou, assim, a desenvolver-se de tal forma que se tornou a mais importante fonte de receita do Brasil e de divisas externas durante muitas décadas a partir de 1850.

O sucesso da lavoura cafeeira em São Paulo, durante a primeira parte do século XX, fez com que o Estado se tornasse um dos mais ricos do país, permitindo que vários fazendeiros indicassem ou se tornassem presidentes do Brasil (política conhecida como café com leite, por se alternarem na presidência paulistas e mineiros), até que se enfraqueceram politicamente com a Revolução de 1930.

O café era escoado das fazendas depois de secado nos terreiros de café, no interior do estado de São Paulo, até as estações de trem, onde era armazenado em sacas, nos armazéns das ferrovias, e depois embarcado nos trens e enviado ao porto de Santos, através de ferrovias, principalmente pela inglesa São Paulo Railway.

Café: informações gerais

O plantio

1. Família: RUBIACEAS – Nome Científico: *Coffea arábica L.*
2. Semeio: entre abril e julho.
3. Após o alcance de 30 centímetros, as mudas são levadas à plantação e dispostas em fileiras, com distância aproximada de três metros entre elas.
4. Altura aproximada: três metros ou pouco mais.

5. Produção: após o quarto ano.
6. A produção anual por arbusto é de um quilo a um quilo e meio de café.
7. Produção aproximada de cem anos.
8. Período de maior produção: entre o quinto e o 50º ano.

As folhas

De folhagem verde-escuro brilhante, com folhas grossas e resistentes, as folhas desse arbusto têm um cheiro suave e que nos lembra a folha de pimenta ou beladona; essa folha pode ser utilizada para banhos de limpeza e reequilíbrio de nossas energias.

As flores

A florada ocorre entre os meses de setembro e novembro, fase considerada mais importante para o plantio, podendo se repetir por três vezes durante esse período. São pequenas flores brancas perfumadas que crescem em cachos e em forma de estrelas. De uma beleza admirável, em cada galho se forma um buquê com cheirinho de jasmim, as flores desabrocham em uma só manhã e se forma um pequeno "chumbinho" que resultará na "cereja" que é o fruto do cafeeiro.

A cereja

De sabor adocicado e levemente refrescante, a polpa da "cereja", como é chamada, cresce e se desenvolve em seis meses, de cor vermelho-escuro, e quando seca fica em um tom marrom-escuro a preto. Cada fruto possui duas sementes que se desenvolvem dentro de uma casca firme e brilhante. Essas sementes possuem uma cor esverdeada quando verdes e amarelada quando maduras.

Os grãos

Após a colheita feita uma vez por ano, tanto por derriça manual no pano ou mecanizada, o café deve ser submetido ao processo de limpeza e separação das impurezas, que pode ser feito por peneiramento manual (abanação), ventilação forçada ou por separadores de ar e peneira (máquinas de pré-limpeza). Depois disso, passa por processamento, lavagem e separação e, finalmente, a secagem e torrefação, chegando ao nosso produto final o café em pó.

O pó

Após a torrefação, chegamos ao ponto de moagem de nosso café, essa é a parte mais importante diante de todos os procedimentos, pois é graças a uma boa moagem que poderemos fazer a leitura da borra de café. A moagem deve ser diferenciada, pois infelizmente no Brasil se mistura várias substâncias junto aos grãos de café durante a moagem, como fava e palha, e faz com que esse café não seja apropriado e tão saboroso como o café turco. O café turco tem um grande diferencial, pois é moído puro e em torno de dez vezes a mais que o café brasileiro, tornando-se assim quase um café solúvel; sendo fino, nesse ponto não é necessário coar para beber, e é por meio desse cuidado especial com o café que surge então a cafeomancia.

Café e saúde

O café pela manhã nos dá uma boa disposição e tira toda aquela sonolência que surge após o almoço, sendo amargo, adoçado, com leite ou até mesmo o *cappuccino*, ao gosto de cada um.

Há mais de mil anos, o café é uma das bebidas mais consumidas pelo mundo. Várias pesquisas realizadas nos Estados Unidos, no Japão, na Europa e no Brasil revelam que o cafezinho faz muito bem a nossa saúde, desde que seja consumido com moderação, no máximo quatro xícaras pequenas por dia. O hábito diário de tomar café contribui muito na prevenção de várias doenças, como o câncer do cólon, mama e fígado; é ótimo para a prevenção do diabetes do adulto, a doença de Parkinson, entre outras doenças.

O café possui uma grande variedade de macro e micronutrientes, é saudável, e a maioria das pessoas que toma o café diariamente se engana em achar que só a cafeína é a única substância do café. Por isso vale a pena incluir o café em nossa dieta diária e principalmente para o nosso bem-estar.

Capítulo 2

A Arte da Cafeomancia

Neste capítulo, abordaremos a arte da Cafeomancia e falaremos sobre os principais instrumentos que compõem essa arte milenar.

A Cafeomancia

A milenar arte da leitura da borra de café nos leva a uma linda viagem entre o presente e o desconhecido. Como oráculo terapêutico e de previsão, revela-nos os mistérios de nosso íntimo e nos prepara para o futuro. As imagens deixadas na parede da xícara nos dão detalhes e nos revelam nosso momento emocional, espiritual, físico e psíquico. A leitura também nos traz segredos de nosso EU INTERIOR, que precisam ser trabalhados de forma terapêutica.

O grão de café é um produto da natureza que passa por um processo de transformação, assim como nós, seres humanos, e é por meio dele que entraremos em um universo totalmente desconhecido. O futuro pode, sim, ser revelado pela xícara de café, porém, de que adianta sabermos do futuro sem nos prepararmos aqui no presente? Realmente estamos prontos para enfrentar nosso verdadeiro futuro? O futuro começa agora!

Neste livro aprenderemos a analisar a simbologia sagrada da Cafeomancia, métodos, lendas e histórias de um povo dedicado à espiritualidade. Na Armênia, muito antes da exploração do café por outras regiões, já existiam previsões através da leitura com sal. Desde o início o café sempre foi visto com muita mística e espiritualidade.

A Cafeomancia é uma antiga arte e sua possível origem seria a leitura das folhas de chá pelos chineses, pois a cerimônia do chá já era muito expandida na China. Ser um bom cafeomante requer muito estudo e dedicação, pois devemos analisar cada símbolo deixado pelo café com muita sabedoria e intuição. Ler uma xícara de café é como unir peças de um grande quebra-cabeça, deve-se analisar com muita calma e não se antecipar aos fatos, mas, sim, somar imagens e toda a simbologia para chegar a um caminho correto, de maneira certeira.

Em qualquer tipo de oráculo devemos dar nosso máximo, lembrando que à nossa frente temos a vida de um ser humano, que precisa de orientações claras e objetivas e, muitas vezes, de uma leitura terapêutica, pois em diversos momentos veremos símbolos e situações que inconscientemente precisam ser trabalhados de forma correta e terapêutica para uma melhora de entendimento.

Todos nós somos seres intuitivos, porém todos os símbolos de nossa infância e adolescência são passados por nossos familiares. Precisamos nos dedicar à espiritualidade a fim de expandir também nossa intuição, pois a leitura da borra de café não se limita somente a símbolos, mas também à prática constante do que nosso eu interior e nossa intuição nos fala.

Neste livro, passaremos por um treinamento constante de nossa visão e intuição, pois de início as imagens se escondem como pequenos segredos a serem revelados. Não iremos adivinhar, iremos sentir, intuir, analisar e esclarecer os símbolos deixados pela borra de café. Nela encontraremos muitos símbolos como: objetos, animais, letras, números, runas, notas musicais, corpo humano e até mesmo seres de outra realidade, você está pronto?

Para fazermos uma boa leitura da borra de café devemos seguir à risca a tradição deixada por nossos antepassados e, por isso, utilizaremos sempre a leitura do café feito "a la turca".

O café a *la turca*

Chamamos de café a *la turca* porque o café deve ser moído à turca. Os árabes apreciam com respeito o café e, por isso, ele é moído com muito mais destreza do que o café brasileiro. Deve-se moer esse café para que fique fino como açúcar de confeiteiro, ficando mais fino do que café expresso e, além disso, os árabes colocam iguarias no café como canela e cardamomo, deixando-o, assim, muito mais saboroso e tornando a consulta muito mais proveitosa.

Para o preparo precisaremos de uma pequena leiteira, que em turco chama-se *Cezve* (pronuncia: Gesve), ou podemos facilmente preparar em um pequeno recipiente de metal.

Para cada xícara de café que iremos servir devemos acrescentar duas colherinhas de café moído à turca; caso deseje, pode acrescentar duas colherinhas de açúcar para adoçar. O açúcar ajuda a fixar o café nas paredes da xícara.

Após inserir todos os ingredientes dentro do *Cezve* ou leiteira, coloque-a no fogo baixo para aquecer nosso café, mexendo sempre, pois não podemos deixar esse café levantar fervura.

Quando o café estiver a ponto de ferver retire-o do fogo, mexa algumas vezes e o retorne mais uma vez ao fogo, para que possa ferventar mais uma vez, isso deixará nosso café a *la turca* mais especial. Você irá verificar uma pequena camada de espuma. Retire do fogo antes de subir fervura e com uma colher retire apenas a espuma e coloque-a na xícara. Somente depois disso se serve o café. Essa espuma deixará nosso café mais saboroso e com um aroma muito especial.

Lembre-se: muito cuidado para que o café não ferva... Bom café para você!

Como diz um provérbio turco: **"uma xícara de café equivale a 40 anos de amizade"**. Por isso, faça seu café com muito carinho e respeito, pois, para os turcos, o café é o símbolo da amizade e da boa recepção, **"quem desse café tomar em minha casa sempre será bem-vindo"**.

As xícaras

De início todos sabemos para que serve e como é uma xícara: prioritariamente, servir bebidas, especialmente quentes. Mas nem todos sabem de onde surgiu a ideia de criar um "tipo de copo com alça"?

A tradição do chá tem origem oriental, antigamente servidos em potes redondos e sem alças, normalmente nossas avós sempre possuíam um joguinho de xícaras antigas, bem finas e sem alça. Existia, por trás da cerimônia do chá, uma lenda de que a xícara não possuía a alça para indicar ao mestre de cerimônia se o chá estava quente ou não, pois caso o chá estivesse quente demais queimaria as pontas dos dedos, indicando que a bebida não estaria boa para ingerir; na temperatura ideal, ela não incomodava, mesmo com o contato direto com a porcelana.

Chegando à Europa, o chá foi um grande sucesso, e inicialmente um produto consumido por nobres, pois era muito caro, todas as louças eram importadas da China. Após algum tempo passou a ser servido em copos de prata, mas não houvera sucesso, já que o metal aquecia muito rápido e queimava os dedos, até que um arquiteto inglês chamado Robert Adam teve uma grande ideia: sugeriu a um amigo ceramista, Josiah Wedgwood, colocar alças nas tigelas e nos copos, surgindo assim as primeiras xícaras em 1750. Gostando da ideia, Josiah criou uma fábrica em 1759, a qual até hoje é referência na fabricação de porcelana.

Quem diria que um objeto tão comum em nossas casas teria uma história tão interessante? Para mim, a parte de escolher as xícaras é uma das que mais gosto, pois a marca registrada de um bom cafeomante é a beleza dos elementos mágicos em sua mesa de trabalho. A xícara deve ser muito bem escolhida, pois será ela que nos conduzirá pelo caminho da espiritualidade e para o EU INTERIOR de nossos clientes. Para nós, cafeomantes, a xícara é o principal instrumento de trabalho, devemos optar em escolher xícaras leves e de fácil transporte.

Para a escolha não existem muitas regras. Sabemos que, tradicionalmente, devemos utilizar as xícaras árabes, pois é de lá que vem nosso maravilhoso oráculo. Porém, a escolha vai de cada um, vai do chamado pessoal, como escolher uma roupa: de nada adiantará comprar uma camisa bonita se estiver apertada, não é?!

As xícaras árabes não possuem alça e, portanto, precisamos de um pequeno suporte para adicionar à nossa xícara a fim de não queimar os dedos do consulente. Devido a isso, deixo à escolha de cada um, mas o único item que deve ser levado em consideração é o de que nossa xícara de trabalho deve ser de fundo redondo e ir se expandindo em tamanho conforme sua altura. Ela deve se abrir como o universo se mostrando para nós. Sendo assim, xícaras muito pequenas ou fechadas acabam atrapalhando o desempenho de nosso trabalho, porém as imagens e formas de leituras são as mesmas.

Consagração das xícaras e instrumentos

Material:
- Todo o material de consulta (xícaras, bule, toalha, cálice, cristais, etc.)
- 7 incensos de mirra
- 1 cristal de turmalina negra ou obsidiana
- 1 cálice de água
- 1 toalha ou tecido preto
- 1 vela de sete dias branca

No primeiro dia de lua minguante, no início da noite, tome um banho de limpeza e coloque uma roupa preta e confortável. Escolha com cuidado o local onde o ritual será feito, pois os itens ficarão nesse lugar durante sete dias. Após a escolha do local, forre o tecido preto e coloque todas as xícaras e os elementos de consulta no centro, sobre esse tecido.

Sente-se e relaxe, coloque uma boa música e se concentre na finalidade do ritual a ser realizado.

• Acenda um incenso e, enquanto passa sobre todos os elementos mágicos de consulta, diga as seguintes palavras: "Elimino desse objeto todas as energias negativas e a consagro pela força do elemento AR, para que toda a sabedoria dos antepassados me ajude em minhas consultas". Após passar a fumaça em todos os elementos, coloque o incenso sobre o altar e deixe-o queimar.

• Pegue o cálice com a água e, com sua mão, pingue algumas gotas em todas as xícaras e elementos sobre a mesa, e diga as seguintes palavras: "Elimino deste objeto todas as energias negativas e o consagro pela força do elemento ÁGUA, para que toda a intuição e bons sentimentos me ajudem em minhas consultas". Disponha o cálice sobre o altar.

• Segure o cristal e circule os objetos sagrados no sentido horário, e diga as seguintes palavras: "Elimino destes objetos todas as energias negativas e os consagro pela força do elemento TERRA, para que a força da Mãe Terra seja presente através da prosperidade e da fartura em minha vida". Disponha o cristal sobre o altar.

• Finalize o ritual de consagração acendendo a vela e colocando-a sobre o altar, enquanto pede à energia da lua minguante que dissipe toda a negatividade e conduza suas consultas pela espiritualidade de forma correta e objetiva. Acenda um incenso em cada dia consecutivo e, após os sete dias, os seus materiais estarão consagrados pela Mãe Terra.

Encantamento do café

Em todo oráculo, devemos encantar todos os elementos que iremos utilizar; com a Cafeomancia não é diferente. O ato de encantar deve ser feito utilizando-se de algumas palavras para pôr em prática nossos desejos. Nesse caso, abençoaremos nosso café antes de o utilizarmos em nossas leituras, e o enfeitiçaremos para que sua energia seja mais forte.

Tudo dentro da magia, seja ela em forma de ritual ou feitiço, precisa ser verbalizado de alguma forma, pois usamos o simbolismo como forma de magia e para mover energia. Como sabemos, as palavras têm muito poder e é por meio delas que faremos as coisas acontecerem. Podemos usá-las mentalmente, mas teremos maior efeito se forem ditas com força e vontade. Não é necessário ser iniciado(a) para fazer magia e lançar esse encantamento, a magia está dentro de cada um de nós.

Você pode trocar as palavras, mas é essencial que tenham o mesmo significado.

Faremos o encantamento da seguinte forma:

1 PITADA DE CANELA

Coloque seu café em um recipiente limpo e virgem, este sempre será usado para essa finalidade. Faça tudo isso em sua cozinha, pois é o local em que mais utilizamos a magia sem saber. Na cozinha é onde tudo se transforma.

Com a canela na palma da mão esquerda, use os dedos da mão direita e pegue uma pitada da canela; enquanto faz movimentos circulares no sentido horário, jogue a canela sobre o pó de café lançando o seguinte encantamento.

"Com minha magia encantar, e de energias proteger, este café enfeitiçar, somente o bem aparecer, pela força do luar, a canela vou soprar e a magia acontecer... Que assim seja e assim será!"

PRONTO... SEU CAFÉ ESTÁ ENCANTADO!

Se preferir, coloque o recipiente com o café no centro desse símbolo mágico, que representa a transformação, e faça o encantamento.

Ritualística de preparo para leitura

Após o preparo do café a *la turca*, o consulente deve beber o café e deixar a mente livre de preocupações e problemas, pois tudo será espelhado nos símbolos deixados na xícara de café, e por isso aconselho manter a mente livre e tranquila. O café não deve ser bebido com pressa, tradicionalmente se serve tâmaras para acompanhar o café. Tâmaras são consideradas o chocolate do deserto, pois têm um sabor leve e adocicado.

Oriente o consulente que o café deve ser tomado até o momento que restar somente um gole no fundo da xícara, pois neste último gole está concentrada toda a borra de café, e é através dela que serão formados os símbolos na parede das xícaras.

Sob o pires, acrescente dois guardanapos, pois isso auxiliará a formação dos símbolos do café no pires, e também ajudará no restante do ritual, pois caso contrário possivelmente o café poderá derramar sobre o cafeomante ou o consulente, assim que virar a xícara.

Com a alça do pires virada para o consulente, segura a xícara firmemente com as duas mãos e faça movimentos circulares com a xícara por três vezes enquanto recita a seguinte prece: "Por Deus, o Clemente e o Misericordioso" (**essa prece é a primeira Surata do Alcorão que aprendi com uma querida amiga chamada Mirta**), e após isso, cuidadosamente e de forma ligeira, emborque a xícara.

Após emborcar a xícara, aguarde em torno de cinco minutos enquanto conversa com seu consulente; algumas antigas cafeomantes colocam sob a base da xícara, enquanto estão viradas, uma aliança para que atraia o amor e a união para o consulente. Outros colocam um terço, cristal e outros elementos conforme a intuição pedir; siga seu coração nesse momento, e após os cinco minutos de espera vire a xícara.

Para um maior aproveitamento da consulta, ambos, a xícara e o pires, devem ser interpretados, pois já recebi grandes presságios em um único pires, por isso não devem ser descartados, lembrando que é muito importante um estudo dedicado dos símbolos, pois muitos símbolos sagrados, como runas, animais, letras, objetos, entre outros, apareceram nas paredes da xícara. Costumo dizer que quanto mais estudarmos símbolos, mais informações teremos.

Capítulo 3

O Oráculo e suas Magias

Neste capítulo, abordaremos o oráculo da borra de café e todas as suas especificidades, como os métodos de leitura. Proporemos, ainda, um método de leitura completamente novo, ao associarmos um dos métodos de leitura da borra de café com outro oráculo: o Tarô (método desenvolvido por Maicon Oliver).

Também abordaremos os aspectos mágicos que envolvem esse oráculo; para tanto, estudaremos a importância dos quatro elementos e como eles influenciam diretamente não só na leitura de oráculos, mas em nossa vida como um todo.

A magia e os elementos da natureza

E o que magia tem a ver com oráculo?

Tudo, pois um bom cafeomante precisa estar em equilíbrio com os quatro elementos da natureza para uma boa consulta.

Os quatro elementos são o equilíbrio de todo o mundo, pois estão inteiramente ligados ao ser humano, e sua influência é muito grande em nossa vida, pois contribui também para a nossa espiritualidade.

Quando falamos de natureza, nós nos ligamos diretamente aos quatro elementos como parte integrante de sua estrutura e do ser humano, pois a Terra está ligada diretamente ao nosso corpo e a todas as suas reações. O ar está ligado diretamente à nossa respiração e aos nossos pensamentos, o fogo está ligado à nossa energia, movimento e nosso espírito, e finalmente a água está diretamente ligada ao nosso sangue e aos nossos sentimentos.

Imagine que somos uma grande semente, e o que precisamos para poder crescer?

A terra nos recebe em seu solo e nos dá os nutrientes necessários para um bom crescimento e desenvolvimento físico, a água nos rega, germina nossos sentimentos e emoções, o fogo através do sol aquece o solo que energiza nosso espírito, e sem o ar nosso corpo não teria oxigênio necessário para a evolução de nossos pensamentos. Ou seja, estamos diretamente ligados à magia dos quatro elementos.

E por que isso é magia?

Porque na natureza é por meio dos quatro elementos que tudo é transformado, e a vida acontece.

Desvendando o fogo, a terra, a água e o ar

O elemento fogo

- **Rege os signos:** Áries, Leão e Sagitário
- **Direção cardeal:** Sul
- **Cores:** laranja, vermelho e dourado

Por ser o elemento do aquecimento, da transformação e do fortalecimento, o elemento fogo espiritualmente está ligado às nossas energias, pois ele tem o poder de transformar as emoções positivas e negativas, que tanto podem destruir como energizar.

Esse elemento está diretamente ligado às nossas ações, pois é por meio do fogo que manifestamos nossas vontades e planos.

- **Objetivo desse elemento na Cafeomancia:**

Fortalecer e intensificar.

Auxiliar a enxergar o que necessita ser destruído.

Realçar nossas paixões e nossa sexualidade.

Dar-nos coragem, entusiasmo e vigor.

– O elemento sobre a mesa do Cafeomante:

O elemento fogo deve ser representado por um castiçal portando uma vela na cor vermelha ou laranja.

O elemento terra

- **Rege os signos:** Touro, Virgem e Capricórnio
- **Direção cardeal:** Norte
- **Cores:** branco, marrom, preto e verde

Nascemos da terra e estamos diretamente ligados a ela, somos sua continuidade. A terra é a portadora da história do nosso mundo, e está juntamente ligada aos outros elementos. Ela é a responsável pela criação e pelo desenvolvimento da vida. E na magia nos traz a fartura, prosperidade, crescimento e segurança. Ela é a reveladora de todos os segredos do mundo, e é por meio dela que tudo cresce.

– Objetivo desse elemento na Cafeomancia:

Dar equilíbrio e prosperidade.

Abrir oportunidade para o sucesso.

Estimular a energia das atividades terrenas.

Despertar o desenvolvimento financeiro.

– O elemento sobre a mesa do Cafeomante:

O elemento terra deve ser representado por um cristal, flores ou frutas.

O elemento água

- **Rege os signos:** Câncer, Escorpião e Peixes
- **Direção cardeal:** Oeste
- **Cores:** azul, verde azulado, cinzento, índigo

A água é o elemento da purificação. É nela que escorrem todas as nossas emoções, e através das pequenas nascentes é que crescem os grandes poços e rios. Por fluir e absorver, a água está diretamente ligada ao nosso emocional, pois muda incessantemente de um nível para o outro, assim como nossas emoções e sentimentos que se movimentam constantemente.

– **Objetivo desse elemento na Cafeomancia:**

Equilibrar as emoções, a intuição e a sensibilidade.

Estimular a natureza romântica.

Despertar a cura interna.

Ajudar a vencer os medos amorosos.

– **O elemento sobre a mesa do Cafeomante:**

O elemento água deve ser representado por um cálice com água ou vinho, conchas, essências e elementos de cor azul-claro.

O elemento ar

- **Rege os Signos:** Gêmeos, Libra e Aquário
- **Direção cardeal:** Leste
- **Cores:** branco, amarelo e o branco azulado

O ar é o elemento da inspiração. Ele nos traz o conhecimento e a realidade do pensamento. Sua brisa nos dá a habilidade de saber entender que o intelecto é o primeiro passo para a criação. Esse elemento governa a concentração e a visualização, e se sobressai nos lugares de aprendizagem.

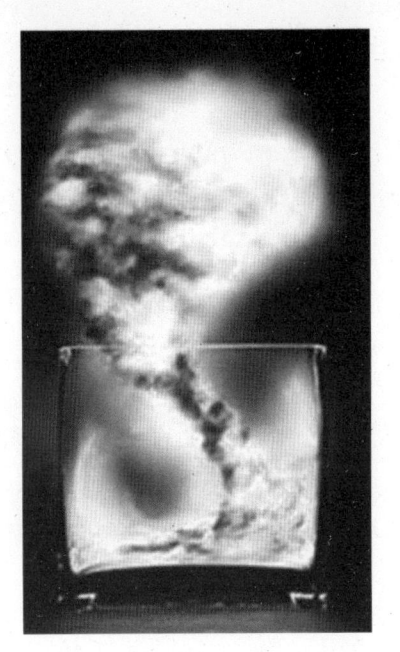

- Objetivo desse elemento na Cafeomancia:

Cuidar do equilíbrio dos pensamentos.

Despertar a sabedoria e a intuição.

Aumentar a força de vontade.

Atuar na resolução de um negócio ou uma situação preocupante.

- O elemento sobre a mesa do Cafeomante:

O elemento ar deve ser representado por um incensário, incenso, penas, leques e elementos na cor branco ou cinza.

Com isso, chegamos à conclusão de que a magia está diretamente ligada à nossa vida e aos oráculos, por tratarmos acima dos principais aspectos de vida do ser humano: amor, pensamentos, dinheiro e espírito.

Para que possamos equilibrar e orientar de forma clara e objetiva nosso consulente, precisamos estar em equilíbrio com os quatro elementos. E através da disposição desses elementos sobre nossa mesa, iremos atrair essas energias e chegar a esse equilíbrio.

Ritual para os quatro elementos

Sugerimos, a seguir, uma forma simples de conexão com os quatro elementos mágicos da natureza.

Elementos:

•**1 incenso de olíbano** •**1 taça de vinho** •**1 maçã** •**1 vela palito vermelha ou laranja**

Em um dia calmo, sente-se em algum lugar tranquilo de preferência ao ar livre, coloque uma música relaxante, use roupas claras e confortáveis e não tenha pressa, esteja em um dia tranquilo, só seu. Enquanto respira suavemente pense o motivo de estar ali, lembre-se de que o intuito deste ritual é o de conectar-se com você mesmo e equilibrar-se por meio dos quatro elementos da natureza.

Saudação ao ELEMENTO AR

Acenda o incenso, sinta seu aroma, pense em coisas e momento felizes, deixe a mente fluir, passe o incenso no ar, escreva com a vareta de incenso seus pedidos no ar como se fosse uma caneta mágica e diga as seguintes palavras: **"Saúdo os seres do elemento ar e trago à minha vida somente bons pensamentos. Que assim seja e assim será"!** Coloque o incenso na terra e deixe-o queimar.

Saudação ao ELEMENTO ÁGUA

Segure a taça firmemente com a mão direita e respire profundamente, olhe diretamente para dentro de si e, em seu coração, sinta todos os sentimentos que estão presentes em sua vida naquele momento e diga as seguintes palavras: **"Saúdo os seres do elemento água e trago ao meu coração somente bons sentimentos de felicidade e de amor. Que assim seja e assim será"**! Beba um gole do vinho como um brinde à sua felicidade.

Saudação ao ELEMENTO TERRA

Com os pés descalços, pise e sinta a energia da terra, pegue sua maçã e a coloque em seu coração. Enquanto a segura pense em sua vida material, atraia para aquele fruto somente os bons pensamentos de fertilidade e de fartura para sua vida e diga as seguintes palavras: **"Saúdo os seres do elemento terra e trago para a minha vida a prosperidade de ser feliz e ser próspero. Que assim seja e assim será"**! Coma a maçã como recompensa por sua vida feliz e próspera.

Saudação ao ELEMENTO FOGO

Acenda sua vela e olhe firmemente em sua chama, deixe sua espiritualidade pulsar, sinta a força dessa chama através de seu aquecimento, dance com a chama, brinque com seu balançar através do vento e diga as seguintes palavras: **"Saúdo os seres do fogo e trago para minha vida toda a força de vontade de vencer e de transformar todas as dores em felicidade por meio de minha espiritualidade. Que assim seja e assim será"**! Deixe a vela queimar.

Finalize o ritual cantando uma música de que goste, agradeça a Deus e à Terra por aquele momento e encerre o ritual.

Métodos de leitura

Método tarô com café incluindo o jogo de Runas.

Todos os envolvidos dentro do ritual da leitura da borra de café devem estar preparados para a leitura, desde quem irá beber o café como também quem vai interpretar os símbolos.

O café não pode ser lido de qualquer forma, deve-se ter uma forma e uma linha corretas de raciocínio. Hoje, existem cafeomantes que fazem a leitura somente dos símbolos sem um método específico, mas devemos chegar à conclusão de que, dessa forma, tudo ficará muito confuso, como um quebra-cabeça faltando peças, não é?!

Podemos utilizar desse meio somente para trazer conselhos ao cliente e não para falar necessariamente de um determinado campo de vida, pois aquele símbolo poderá ser apresentado para um campo totalmente diferente. A seguir, proporei o seguinte método de leitura.

Método pontos cardeais

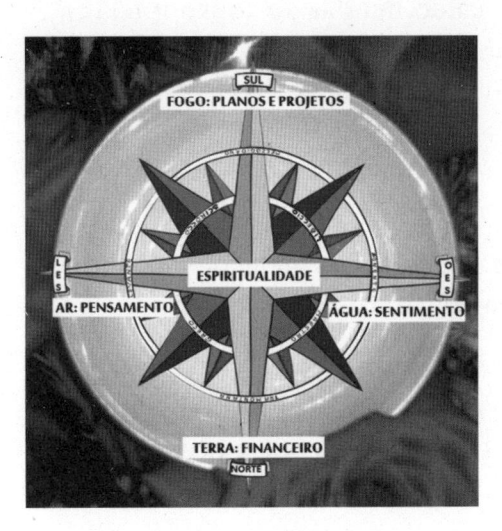

- **Norte**: começamos pelo Norte, o qual está ligado à Terra, pois é do Norte que vêm as divindades. A Mãe Terra é fria e escura, e o Norte é o lugar onde o Sol nunca se mostra forte, está ligado ao nosso corpo.

Esse elemento nos fala de tudo o que é palpável, tudo o que é obtido pelo físico, representa o corpo, a matéria onde tudo cresce e se profetiza.

–Verbo: TER – ELEMENTO: TERRA

Cafeomancia: prosperidade, estabilidade material, riqueza, realização, segurança, praticidade, o controle, o trabalho, as oportunidades, a economia, a ordem e a propriedade.

- **Sul:** o fogo, o poder da vontade e da intenção, o calor do Sol do meio-dia, o ápice do Deus Sol; está ligado ao calor que arde dentro de nós, nossa fagulha divina.

Esse elemento nos fala sobre tudo o que é aceito pela transcendência e que evolui por meio dela e pela espiritualidade.

–Verbo: FICAR – ELEMENTO: FOGO

Cafeomancia: ação, intuição, entusiasmo, representa o que o consulente quer, a criatividade, os projetos, a vitalidade, a liderança, a coragem, o impulso, o otimismo e a autoconfiança.

• **Leste:** está ligado ao ar, ao intelecto, aos novos projetos, à inspiração para novas ideias que estão ligadas ao sopro inicial, ao lado esquerdo de nosso cérebro, ao lado racional e ao plano mental; é um lado mais "discursivo".

–**Verbo: SER – ELEMENTO: AR**

Cafeomancia: o intelecto, o metal, os pensamentos, a razão, a lógica, a teoria, a análise, as amizades e as relações sociais, a lógica, o conflito, os atos de realização humana, os estudos e a dedicação mental.

• **Oeste:** é onde está situado o poder das águas, dos sentimentos e da fluidez, o lado direito do cérebro que é nosso lado feminino, o intuitivo, nosso sangue e o plano emocional, os sonhos e a aspiração da alma.

–**Verbo: ESTAR – ELEMENTO: ÁGUA**

Cafeomancia: o amor, representa a emoção, a amizade, o carinho e o afeto, a intimidade, a paz, a sensibilidade, a receptividade, a profundidade, as artes e as paixões.

Método tarô com café

Acredito na teoria de que "quanto mais melhor" e, por isso, sempre que possível, utilizo vários oráculos em uma só consulta. Foi assim que em uma de minhas palestras surgiu o assunto tarô com café.

Com o tempo, ministrando aulas de Cafeomancia, percebi que por causa da dificuldade inicial de o aluno identificar vários símbolos em uma única xícara, ele acabava deixando de lado a Cafeomancia para jogar oráculos tradicionais e com símbolos predefinidos, e por isso a Cafeomancia acabava sendo esquecida. Com muito estudo desenvolvi uma forma muito legal de fazer com que o aluno trabalhe com a Cafeomancia e ao mesmo tempo utilize seus outros oráculos como tarô, runas, cristais para agregarem ao jogo da leitura na borra de café.

A seguir apresento um método que desenvolvi a fim de aumentarmos a visão, de uma forma geral, em nossas consultas. Como base, utilizaremos o método dos pontos cardeais e acrescentaremos para cada ponto cardeal quatro lâminas de nosso tarô para complementarmos o jogo. Seguem abaixo, ainda, as palavras-chave de cada lâmina do arcano maior para entendermos um pouco do significado desses arcanos.

Palavras-chave
e mestras dos arcanos maiores

0 Louco: Solte-se e arrisque-se mais, liberte-se de tudo, hora de se lançar ao novo em busca de novos sonhos, seja irreverente, leve e solto, voltas que a vida dá!

1 Mago: Início de tudo, novas ideias, recomeço, fase nova.

2 Sacerdotisa/Papisa: Intuição, voz interior, reservada, misteriosa e desconfiada.

3 Imperatriz: Crescimento em todos os aspectos, promoção, gravidez, expansão.

4 Imperador: Poder, estabilidade, rígido, mandão, concretização.

5 Papa/Sumo Sacerdote: Espiritualidade, casamento religioso, sentido oculto das coisas, medicina alopática.

6 Enamorados: Livre-arbítrio, dúvidas, caminhos de escolhas, indecisões.

7 Carro: Triunfo, realização, projetos e conquistas, rédeas da vida em suas mãos, pequenas viagens.

8 Justiça: Equilíbrio, regras, tomar decisão imparcial, seja justo, organização de ideias.

9 Eremita: Recolhimento interno, sabedoria, conhecimento, se sentindo só, calma e cautela, passagem do tempo e reservado.

10 Roda da Fortuna: Caminhos de altos e baixos, instabilidade, gera ansiedade, mudanças rápidas e movimentação da vida.

11 Força: Use seu poder pessoal, não se cobre nem controle tudo, use sua força interior!

12 Enforcado: Obstáculos, renúncia, preso ao passado, estagnação, conflitos, outro ponto de vista.

13 Morte: Transformações, renovação necessária, final de ciclo, encerramento.

14 Temperança: Calma, tranquilidade, paz interior, energia parada e demorada, medicina homeopática.

15 Diabo: Paixão desenfreada, sexo, espiritual ruim, confusão mental, agitação e nervoso, ansiedade e estresse, brigas e tentações, vaidade, cuidados com o físico.

16 Torre: Emocional abalado, rupturas, conflitos internos, destruição, dor, separação, necessita de estruturação total, reconstrução.

17 Estrela: Acreditar na vida, fé, esperança, otimismo, estrelismo.

18 Lua: Ilusão, ciúme, coisas obscuras, situações mal resolvidas, confusão, traição, intuição, magia.

19 Sol: Realização, alegrias, amor, espiritual bom, sorte, sucesso, brilho.

20 Julgamento: Peneirar tudo, julgar, reavaliar a situação, carta cármica (vidas passadas).

21 Mundo: Novo ciclo melhor que o anterior, superação de obstáculos, já passou pelas dificuldades e muda para melhor.

Método tarô com café com uma minixícara para análise de conselhos

Banho preparatório para leitura do café

E por que não utilizar a magia para agregar em nossos atendimentos? Sim, é necessário que o cafeomante se prepare para atender com Cafeomancia, pois como o oráculo exige muito de nosso mental e de nossa intuição para identificar os símbolos, é necessário um banho mágico para que o cafeomante esteja energeticamente pronto e preparado para tudo o que irá ver dentro da xícara de café. Segue uma receita que utilizo constantemente antes de depois de minhas consultas:

Ingredientes:

2 litros de água mineral

21 folhas verdes de café

7 folhas de artemísia

1 punhado de alecrim

1 vela lilás

1 pedra ametista

1 incenso de sândalo

1 cálice de água

Ritual:

O dia ideal para preparar esse banho é segunda-feira ou pode ser na sexta-feira.

Antes de fazer o banho, acenda a vela e o incenso pedindo a proteção do fogo e do ar para que seu banho seja purificado e energizado. Próximo à vela coloque o cristal e o cálice de água rogando proteção e estabilidade ao elemento terra e ao elemento água, pedindo a purificação de seu corpo e sua alma e, em seguida, comece e fazer o banho.

Em uma bacia limpa, acrescente os dois litros de água, em seguida acrescente as 21 folhas verdes de café, macere com suas mãos até que água fique esverdeada, em seguida acrescente as folhas verdes de artemísia e o punhado de alecrim e macere até que o banho fique em um tom de verde-escuro. Peneire seu banho e jogue os restos de folhas no pé de uma árvore bonita e bem vida, reserve o banho em uma garrafa e tome sempre que for iniciar seu atendimento. Você perceberá que ficará mais energizado, protegido e sua intuição estará muito mais forte durante suas leituras.

Capítulo 4

Os Símbolos da Cafeomancia

Chegamos ao momento mais importante de nossa trajetória mágica, pois os símbolos são de suma importância para nós, cafeomancistas. Desde a criação, os símbolos fazem parte de nossa existência, são desde os primórdios da Terra elementos de muita importância para o homem, e a cada dia mais símbolos são descobertos.

É importante saber que os símbolos que seguem são sinais para que a intuição do cafeomancista aflore e se desenvolva cada vez mais, é sempre importante lembrar que cada símbolo possui seu significado, mas talvez o que possa ser um símbolo negativo para mim talvez seja positivo para você. Todo símbolo deve ser sentido e interpretado conforme sua intuição permitir.

Analisaremos, aqui, alguns símbolos mais comuns que surgem através das paredes das xícaras de café na leitura da borra, porém devemos saber que o estudo da simbologia é eterno, pois a cada símbolo aprendemos mais sobre os mistérios do ser humano e da existência, reiterando que é muito importante sempre relacionar o significado com o lugar que ocupa determinado sinal dentro da xícara de café.

Os números

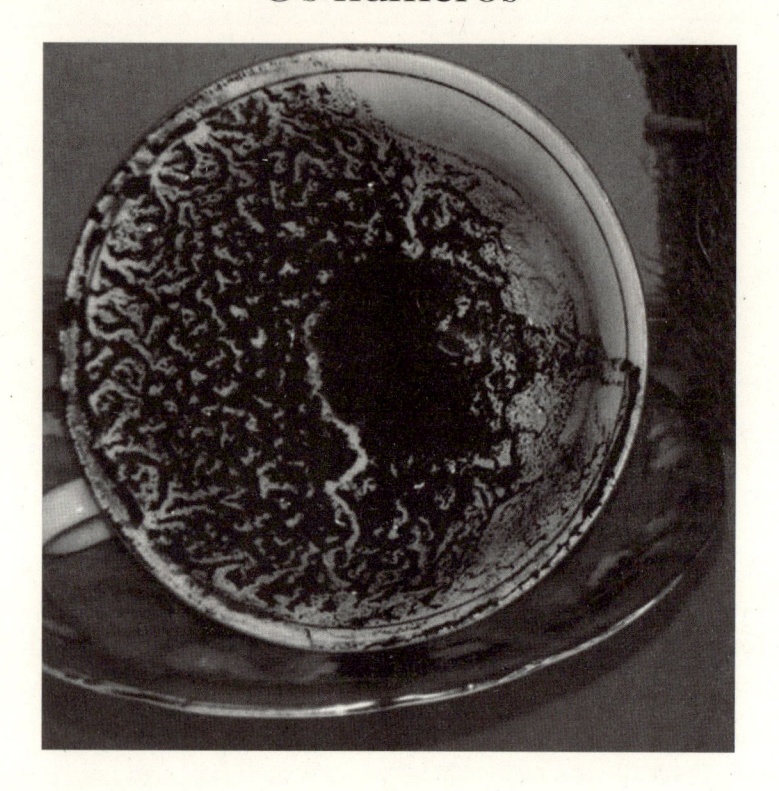

Número 1: liderança, força e ambição.

Dica: incentive o seu espírito de liderança.

Conselho: evite ser egoísta e autoritário.

Número 2: sociedades, amizades, associações, desejo de harmonia.

Dica: diplomacia, calma, sensibilidade.

Conselho: menos dependência, manipulação.

Número 3: novos amigos, novos grupos de trabalho, criatividade, imaginação.

Dica: Jovialidade, simpatia, positividade.

Conselho: menos extravagância, dispersão.

Número 4: planejamento, união familiar, estrutura.

Dica: confiabilidade, constância, lógica, autodisciplina.

Conselho: menos teimosia.

Número 5: personalidade e liberdade, viagens, comunicação, poder de palavra.

Dica: adaptação, liberdade amorosa, inteligência.

Conselho: menos incapacidade de assumir compromissos, irresponsabilidade e incoerência.

Número 6: sempre a serviço dos outros, um amante da paz, simboliza a família.

Dica: Passividade, confiança, ama o lar.

Conselho: menos ciúmes, superficialidade, possessão.

Número 7: pessoa estudiosa, reservada, simboliza a espiritualidade, gosta de vida tranquila.

Dica: totalmente intuitivo.

Conselho: menos melancolia, estranheza.

Número 8: representa o poder, os bens materiais, domínio, intensas vibrações materiais.

Dica: ambição, espírito empresarial, liderança, autoridade, sucesso, coragem e organização.

Conselho: menos tensão, materialismo, violência, estreiteza de pensamento.

Número 9: solidariedade, humanitário, socialmente consciente, em favor dos outros.

Dica: prestatividade, emoção, tolerância e determinação.

Conselho: menos mau humor, descuido financeiro, inquieto.

As colunas

As colunas são, de forma geral, muito importantes para nós cafeomancistas, pois são elas que nos mostram o início e a conclusão de planos, lembrando que é necessária uma análise detalhada das imagens que estão dentro das colunas, pois elas nos darão uma explicação mais completa de como o plano será concluído, ou não.

Coluna inteira: uma coluna inteira que chega até a borda da xícara nos fala sobre a conclusão de algum objetivo, ela nos mostra que, após muita luta, vencemos de forma clara e objetiva; colunas inteiras e firmes representam estrutura firme de realização, ou seja, nenhum mal envolvido naquele objetivo.

Coluna incompleta: uma coluna incompleta nos fala de planos que não foram concluídos e, quanto mais próximas à borda da xícara, mais rápida será a conclusão desse plano. Devemos verificar as imagens dentro da coluna, pois muitas vezes está ali o motivo pelo qual o plano não foi concluído.

Coluna torta ou caída: como o próprio nome já fala, colunas tortas ou caídas representam planos fracos e sem estrutura; se está torta, é porque não tem força para ficar de pé. Nesse caso devemos analisar toda a simbologia ao redor da coluna para identificarmos o motivo da dificuldade, porém já devemos orientar ao consulente que esse plano não será concluído e que o melhor a se fazer é recomeçar de uma forma mais estruturada.

Coluna inteira e cortada: quando temos colunas inteiras que chegam até a borda, porém em sua estrutura temos pequenas falhas ou cortes, isso representa dificuldades que enfrentamos ou enfrentaremos para concluir tal objetivo. Normalmente, falhas representam momentos de desistência e de cansaço, aquele plano difícil de concluir e que, por muitas vezes, desanimamos durante o caminho. Porém, se a coluna está inteira indica que, após muito cansaço e dificuldade, teremos a conclusão desse objetivo.

Coluna de expansão: colunas de expansão são de difícil aparição, porém não impossíveis. Essa coluna representa a conclusão de sonhos e objetivos de forma feliz e clara, essa coluna se expande para outros campos da vida do consulente. Além da realização do plano, dependendo de que campo ou ponto cardeal, ela nos fala que esse plano irá realizar não somente os sonhos do consulente, mas também de pessoas próximas a ele.

As cores e o peso da xícara

CORES: devemos analisar de forma inteligente as cores que temos em cada símbolo; quanto mais claro esse símbolo for, mais limpa e energeticamente positiva essa situação é. Se a cor for muito escura, esse símbolo, por mais que seja positivo, tem uma energia densa e mais negativa em volta e deve ser tratado com atenção. Muitas vezes, a cor escura em símbolos positivos representa o inverso da mensagem boa que ele nos deixaria.

PESO: sim, por incrível que pareça, a xícara pesa de forma diferente dependendo do consulente, você irá perceber isso com o tempo. O peso da xícara energeticamente faz muita diferença, pois assim que a tocamos nossa sensibilidade e intuição nos mostrarão o quão pesada a energia em nosso consulente está. Quanto mais leve e sutil for a energia, mais positivo está nosso consulente.

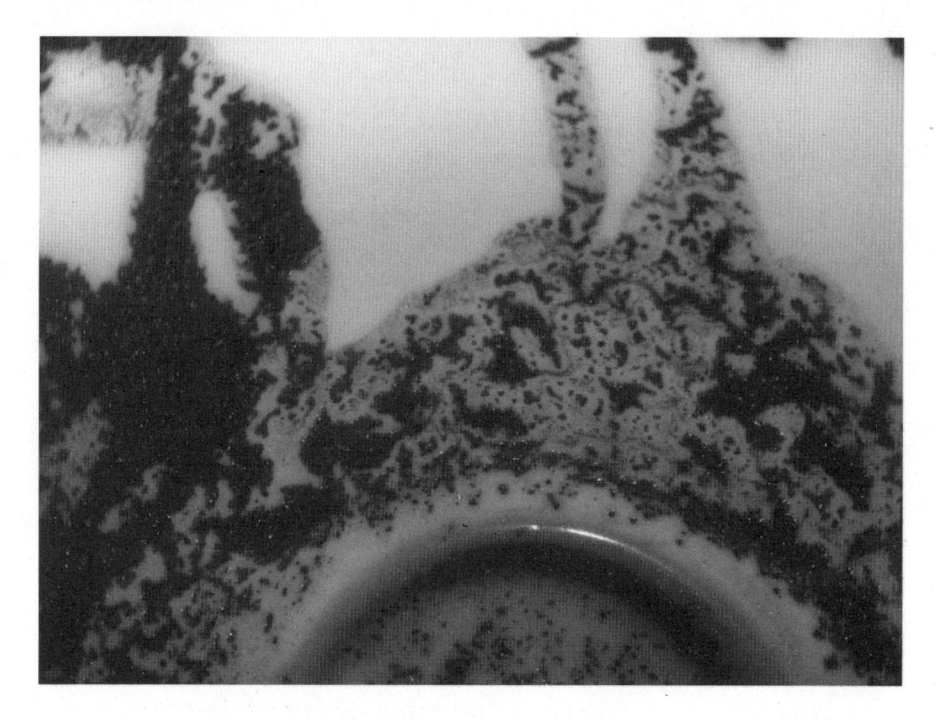

Animais de poder

Na leitura da borra de café é de costume encontrar imagens de animais, e é de grande importância identificar em qual região e ponto da xícara elas se encontram, para que a leitura seja feita de forma correta.

Além do conhecimento ancestral, cada animal possui um significado, e dentro das tradições e culturas indígenas de todo o mundo se fala de animais de poder. São espíritos guardiões e de proteção que vivem dentro de nós, auxiliando nossa vida.

O contato com essa energia em nosso trabalho é muito importante, pois cada animal apresenta uma vibração e uma mensagem ao nosso consulente. Segue a interpretação de alguns animais comuns na cafeomancia:

ABELHA:

É preciso procurar mais as coisas do espírito, deixando um pouquinho sua maneira obsessiva de organização.

ÁGUIA:

Grande mudança de vida, momento de iluminação e magia, hora de tomar decisões importantes com sabedoria.

ALCE:

Use mais sua autoestima, defendendo-se das invejas e ofensas com sabedoria.

ANTÍLOPE:

Tome coragem e pule, seu senso de ritmo está perfeito. O antílope significa ação inteligente.

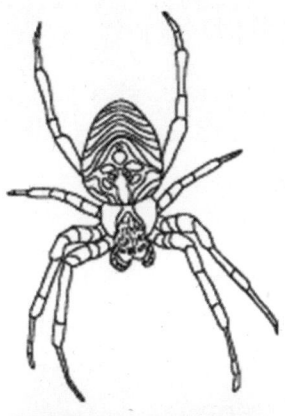

ARANHA:

Você é um ser infinito que continuará a tecer os modelos da vida e vivendo inteiramente o tempo. É o símbolo da criatividade.

BALEIA:

Pede para se preocupar mais com o interno do que com o externo.

BEIJA-FLOR:

Prepare-se para rir musicalmente e apreciar muitos presentes do Criador. Mensageiro da cura, amor romântico, claridade, graça, sorte, suavidade, alegria e entusiasmo.

BORBOLETA:

A borboleta nos ensina a perceber todas as etapas necessárias a uma verdadeira transformação, interna ou externa.

BOI:

Lute honestamente pelo que é seu e saiba que na vida nada se compra, as coisas devem ser conquistadas.

BÚFALO:

Considerado como guardião dos segredos, sabedoria ancestral, tolerante, procura a paz e defende sua prole.

CACHORRO:

Estamos sendo leais a nós mesmos, a nossos ideais e valores? Estamos trabalhando em equipe, com lealdade a seus propósitos?

CAMELO:

Quebre um pouquinho sua autorresistência e se sentirá mais vivo e feliz.

CAVALO:

O verdadeiro poder é a sabedoria achada na lembrança da sua jornada inteira. A sabedoria vem de lembrar caminhos que você tem andado, nos sapatos de outra pessoa.

CAVALO ALADO:

Desejo de elevação, transmutação, beleza, viagem astral, novas aventuras, mistério, fascínio.

COBRA OU SERPENTES:

A cobra sabe que terá de trocar de pele e se deixar transmutar, aceitando o que lhe acontece de novo. Simplesmente vamos mudando, assimilando ideias e inspirações.

COELHO OU LEBRE:

Momento de crescimento e agilidade em sua vida, receberá notícias rápidas e prosperas.

CORUJA:

Momento de intuição e poder, sua vidência está a flor da pele, momento de ver o que nem todos podem ver, abra os olhos.

DRAGÃO:

Potência e força viril, proteção, calor, mensageiro da felicidade, senhor da chuva, fecundação, força vital, momento de agir com calma.

ELEFANTE:

Precisa mudar a rotina e parar de ficar andando sempre no mesmo caminho, acumule em seu trabalho outros conhecimentos.

FÊNIX:

Renascimento, fascínio, animal do Sol, imortalidade da alma, elevação, purificação.

FORMIGA: A medicina da formiga é a estratégia da paciência, aja com calma e em equipe para conquistar o que se quer.

GATO:

O gato traz grande entendimento e segredos dos mistérios. Tem a terceira visão aberta e grande capacidade para ver tudo o que as outras pessoas não veem. É dotado de grandes poderes mágicos, densos e sutis. Entendimento sobre mistérios, sensualidade, independência, visões místicas, limpeza.

GALO:

Não compre brigas à toa. Viva a vida e deixe que os outros também vivam.

GIRAFA:

Ensina que você deve ser uma pessoa mais intuitiva, calma, para receber as inspirações elevadas.

JACARÉ:

A ideia inerente a isso é a de que não se pode existir morte sem vida ou vida sem morte.

LAGARTO:

O lagarto pode estar dizendo para prestar atenção aos seus sonhos e símbolos. Faça um diário de sonhos e escreva todos os que você lembra.

LEÃO:

É o rei dos animais. Espírito de luta, garra, poder, força, majestade, prosperidade, nobreza, coragem, saúde, liderança, segurança, autoconfiança.

LOBO:

A medicina do lobo permite ao professor dentro de nós todos aparecer e ajudar os filhos da Terra a compreenderem o grande mistério da vida. Amor, relacionamentos saudáveis, fidelidade, generosidade, ensinamento.

MACACO:

Cuidado com os pulos mal premeditados ou errados.

MORCEGO:

Tem o poder de ver as coisas ocultas, mesmo na escuridão ou com os olhos fechados. Em todos os casos, o morcego sinaliza renascimento em alguma área de você mesmo ou a morte de velhos padrões.

PAPAGAIO:

Eles refletem tudo o que existe à volta deles, tons de voz, ruídos, gargalhadas. A energia do papagaio é como um grande espelho universal, e este não mente, apenas reflete o que existe fora dele.

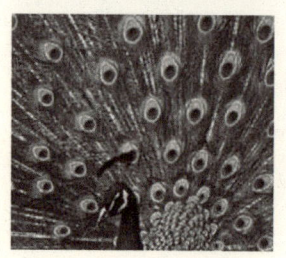

PAVÃO:

Pare de se sacrificar por quem não te merece, ou não merece seu sacrifício.

POMBA BRANCA:

Você atingirá todas as suas metas espirituais; sorte e felicidade chegando. Paz, luz, pureza, sacrifício, notícias felizes, puras, restabelecimento da saúde.

RATO:

Coisas que podem parecer insignificantes para uns tomam importância enorme para o rato.

SAPO:

O sapo representa a luz da noite, é o limpador dos rios, come as larvas e os mosquitos. Evolução, limpeza, transformação, mistério, humor, ligado à chuva.

URSO:

Nesse período nada do que está lá fora importa, apenas o refazimento, o ato de pensar sobre as atitudes tomadas, acreditando que as respostas estão dentro de nós mesmos.

VEADO:

O veado pede para não sermos amargos na vida. Aprenda a viver mais solto e a celebrar a vida com a natureza.

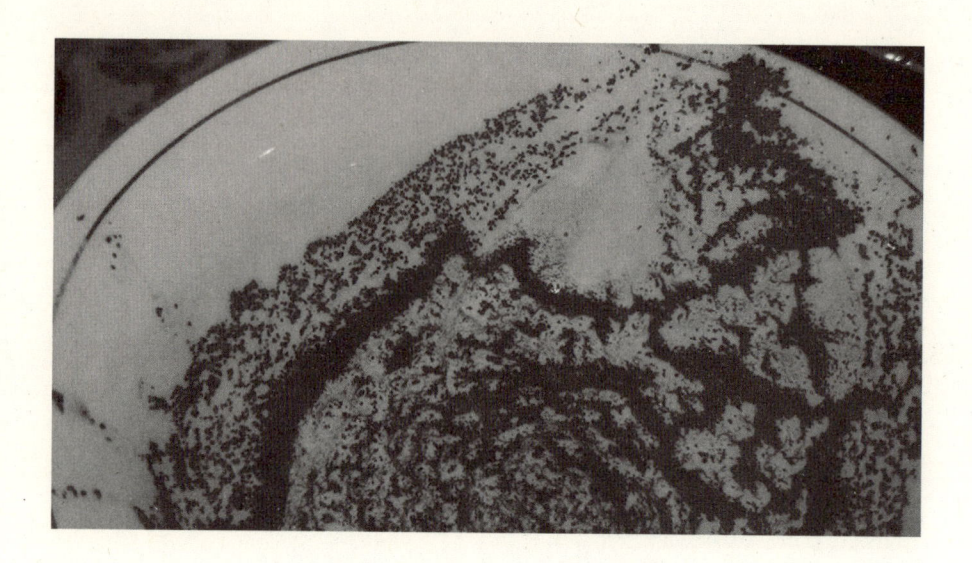

Símbolos rúnicos

Segundo a mitologia antiga, as runas são presentes e dádivas dos deuses a Odin, deus dos ventos ou das tempestades e deus de todos os deuses.

Odin tinha o poder de ressuscitar os mortos, prever o futuro, mudar as vontades e voar pelo céu.

A imagem que se tem de Odin é a de um homem magro e alto, com cabelos grisalhos até o ombro, que usa uma capa longa e escura e tem apenas um olho azul brilhante, enquanto o outro foi arrancado e é encoberto por um capuz. Apoia-se em um cajado e tem a proteção de dois corvos que são os olhos e ouvidos de Odin, um se chama Munin (Memória) e o outro Hugin (espírito).

Ainda possui a proteção de dois lobos e um cavalo que possui oito patas chamado Sleipnir, que era capaz de se movimentar pelas estrelas e por todos os outros mundos.

Odin tinha a missão de guardar as almas dos mortos, era o deus das batalhas e era auxiliado pelas Valquírias, espíritos femininos que apareciam em forma de mulheres guerreiras para escolher os mortos que Odin iria guardar.

Acredita-se que Odin em busca de conhecimento tenha se pendurado no centro da árvore da vida, chamada Yggdrasill, por nove dias e nove noites (o número nove é um número lunar, que representa as três fases da Lua (crescente, cheia e minguante), multiplicadas por si mesmas.

A Lua, dentro da mitologia pagã, representa o aspecto feminino da natureza. Odin passou fome e sede em busca do conhecimento sagrado de todos os mundos.

Para que sua jornada fosse completa, Odin se feriu com sua própria lança, arrancou seu olho como pagamento para que seu sangue fosse ofertado aos deuses, como as vítimas também eram sacrificadas. Assim, Odin mergulhou no mundo além da morte e lá recebeu todo o conhecimento sagrado das Runas antigas que estavam encravadas no centro de todos os mundos.

Odin criou o alfabeto rúnico, ao qual controlava, e que depois foi amplamente usado na Escandinávia para fins mágicos. Obteve dessa maneira o domínio sobre as runas e o poder sobre a morte.

Na Cafeomancia, essa simbologia se faz muito presente e nos traz os mistérios revelados por Odin para nossa vida. Em seguida temos o significado rúnico de cada runa do método Futhark.

Fehu ou Feoh

Significado tradicional:
Runa do gado, propriedades, riquezas, bens e recursos.

Interpretação na Cafeomancia:
Momento de abundância, fertilidade, conquistas financeiras e emocionais, energia direcionada para ganhos de bens e recursos.

Uruz ou Ur

Significado tradicional:
Runa do touro bravo, força, energia e saúde física.

Interpretação na Cafeomancia:
Momento de plena saúde e energia, chega a hora de romper barreiras com sua força de vontade, momento de mudanças no trabalho ou no amor.

Thurisaz

Significado tradicional:
Runa do gigante, dores, obstáculos e proteção espiritual.

Interpretação na Cafeomancia:
Momento de ter autocontrole para lidar com as dificuldades impostas pela vida, aja com sabedoria e tome decisões com discernimento e terá vitória.

Ansuz

Significado tradicional:
Runa da boca, palavras, linguagem, sons e sinais.

Interpretação na Cafeomancia:
Saiba se comunicar internamente e externamente para que haja a abertura de caminhos, busque conselhos com quem possui sabedoria e terá surpresas.

Raidho

Significado tradicional:
Runa da charrete de Thor, viagens, movimento, conquistas, sol.

Interpretação na Cafeomancia:
Chega o fim dos contratempos, busque direcionamento para ter bons resultados, momento de renovação e até mesmo possíveis viagens espirituais.

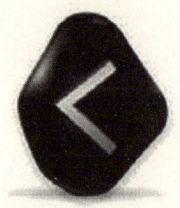

Kano ou Kenaz

Significado tradicional: R
Runa da tocha, fogo, luz, claridade e abertura de caminhos.

Interpretação na Cafeomancia:
Tenha autoconfiança e força para que haja abertura de seus caminhos, é um momento de iluminação e positivismo, chega o momento de receber energia.

Gebo

Significado tradicional:
Interação de duas forças, associação, amor, relações.

Interpretação na Cafeomancia:
Momento de amor e envolvimento pessoal, troque energia harmoniosamente e seja generoso que terá uma união ou relação bem-sucedida.

Wunjo

Significado tradicional:
Felicidade, prazer, alegria e esperança.

Interpretação na Cafeomancia:
Momento de realização pessoal, alegria interior, satisfação, bem-estar fazem deste um momento de felicidade e sucesso em todas as áreas.

Hagalaz

Significado tradicional:
Runa do granizo, floco de neve, forças da natureza.

Interpretação na Cafeomancia:
Momento de dificuldades externas, acontecimentos fora de controle, rupturas, rompimentos e surpresas inesperadas trazendo algumas limitações.

Nauthiz

Significado Tradicional:
Runa da necessidade, aflição, perigos e dificuldades.

Interpretação na Cafeomancia:
Momento de contratempos que podem trazer deficiências em seu caminho, falta de sorte, pede paciência para lidar com essas dificuldades.

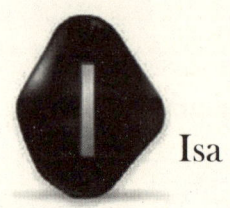

Isa

Significado Tradicional:
Runa do gelo, impedimentos, recolhimento e introspecção.

Interpretação na Cafeomancia:
Momento de parar e aguardar a hora certa de agir, tenha paciência para lidar com os obstáculos, solidão, infelicidade emocional e atrasos.

Jera

Significado Tradicional:
Colheitas, ciclos de vida, recompensa.

Interpretação na Cafeomancia:
Lembre-se, tudo o que se planta irá ser colhido; o momento é de fertilidade, fim de um ciclo e início de outro, mudanças e colheita conforme seu plantio.

Eihwaz

Significado tradicional:
Runa da Yggdrasill, persistência, calma, vida e morte.

Interpretação na Cafeomancia:
Momento de ter paciência e ser maleável às adversidades, pois existem algumas limitações impostas pela vida que precisam de autoconfiança.

Perthro

Significado tradicional:
Runa do oráculo, revelação, mistérios, receptáculo.

Interpretação na Cafeomancia:
Momento de revelação de algo escondido, conhecimentos ocultos, ganhos inesperados e sexualidade aflorada fazem parte deste momento mágico.

Algiz

Significado tradicional:
Runa do alce, proteção divina.

Interpretação na Cafeomancia:
Momento de influências espirituais que trazem a proteção para sua realização pessoal, tenha fé e otimismo que terá recompensas maravilhosas.

Sowelu

Significado tradicional:
Runa do sol, saúde, sucesso, realização, poder, desejos realizados.

Interpretação na Cafeomancia:
Momento de realização pessoal, tenha otimismo e força de vontade que terá grandes vitórias neste ciclo; com plenitude e elevação, só terá vitórias.

Teiwaz

Significado tradicional:
Runa do guerreiro, coragem, direcionamento, força.

Interpretação na Cafeomancia:
Momento de vitórias dentro da lei, tenha motivação e coragem para enfrentar as adversidades e terá perseverança e grandes realizações.

Berkana

Significado tradicional:
Criatividade, germinação, fertilidade, crescimento, sucesso.

Interpretação na Cafeomancia:
Momento de renovar e iniciar novos momentos, novos projetos e gerar novos caminhos, o solo está fértil para receber todas as boas intensões.

Ehwaz

Significado tradicional:
Movimento, mudanças, progresso e realização.

Interpretação na Cafeomancia:
Viagens e mudanças fazem parte deste novo momento, tenha confiança em si mesmo que terá sucesso nos empreendimentos que estão parados.

Mannaz

Significado tradicional:
Runa do homem, humanidade, autoconhecimento, doação e união.

Interpretação na Cafeomancia:
Momento de ajudar e se apoiar no próximo, seja companheiro e auxilie quem precisa que terá felicidade e será um ser divino e abençoado.

Laguz

Significado tradicional:
Runa do lago, energia vital, água, poder dos rios, marés e cachoeiras.

Interpretação na Cafeomancia:
Momento de ser receptivo e utilizar a sua intuição e sua clarividência para ter flexibilidade e conseguir a fluidez necessária para seus caminhos.

Inguz

Significado tradicional:
Fertilidade, nascimento e criação.

Interpretação na Cafeomancia:
Momento de se preparar para os novos nascimentos (filhos, trabalho, oportunidades e relacionamentos), processos lentos porém com sucesso garantido.

Dagaz

Significado tradicional:
Runa da borboleta, ciclo das estações, luz e poder divino.

Interpretação na Cafeomancia:
Momento de grande transformação e mudanças bruscas com o nascimento de novas oportunidades com otimismo e iluminação com abertura para o novo.

Othila

Significado tradicional:
Runa da herança, trocas, desapego, propriedade ancestral.

Interpretação na Cafeomancia:
Momento de grandes investimentos a longo prazo, vai receber benefício material, genético ou espiritual. Bens que o dinheiro pode comprar.

Signos da geomancia árabe

Embora seja pouco conhecida atualmente, a Geomancia é uma arte divinatória muito antiga e das mais importantes. É classificada, ao lado da Astrologia, da Quiromancia e da Cartomancia, como uma das artes mestras entre todas as que o homem utiliza para conhecer mais sobre seu futuro. Seu nome vem de duas palavras gregas: *Gê*, terra, e *manteia*, adivinhação; literalmente, adivinhação pela terra.

Segundo os especialistas, a Geomancia, que atualmente não exige mais que uma folha de papel e um lápis, na origem era praticada desenhando-se pontos na terra, que depois formavam as figuras geométricas utilizadas em sua interpretação. No Oriente e nos países onde predominam os desertos, era também chamada de "Ciência da Areia".

♦ VIA – O Caminho (Fogo sobre Fogo)

Interpretação tradicional: falta de objetividade. Indecisão. Situação sem escolhas. Destino. Solidão. O caminho deve ser seguido passa a passo. Evoca a ideia de uma busca solitária, de um esforço necessário para encontrar o caminho certo.

Interpretação na Cafeomancia:

Mental: pessoa com grande atividade mental. Pode indicar uma pessoa indecisa e insegura.

Material: embaraços financeiros, trazendo possibilidades de perdas e danos. Mais saída de dinheiro que entrada.

Emocional: união demorada. Partida ou distanciamento de um amor.

CAUDA DRACONIS – Cauda de Dragão
(Fogo sobre Água)

Interpretação tradicional: a má orientação. Má companhia. Engano, falsidade e mentira.

Interpretação na Cafeomancia:

Mental: pessoa de má-fé. Indica hipocrisia e falsidade. Pessoa com tendência à depressão.

Material: roubo. Traição relacionada a dinheiro. Empreendimento insensato.

Emocional: enganos no amor. Ilusão na relação.

LAETITIA – A Alegria (Água sobre a Terra)

Iterpretação tradicional: coisas boas. Satisfação. Alegrias. Resposta positiva. Desejos realizados. Ânimo e otimismo. Prazeres da vida.

Interpretação na Cafeomancia:

Mental: pessoa otimista e alegre.

Material: melhoria nos investimentos. Situação financeira satisfatória e estável.

Emocional: relacionamento feliz.

TRISTITIA – A Tristeza (Terra sobre Ar)

Interpretação tradicional: perda. Coisas ruins. Insatisfação. Tristeza. Derrota. Desânimo, melancolia e depressão.

Interpretação na Cafeomancia:

Mental: medo. Pessoa que se questiona demais. Complexo de inferioridade.

Material: erros pessoais levando a perda de dinheiro.

Emocional: relação levando à depressão. Fim de um sentimento amoroso.

PUELLA – A Menina (Água sobre Fogo)

Interpretação tradicional: coisas fáceis. Situações simples de solucionar. Gentileza e conciliação. Afeto. Antigos conflitos resolvidos resultando em harmonia.

Interpretação na Cafeomancia:

Mental: pessoa sincera e amável. Mostra-se equilibrada.

Material: neutra em relação às finanças. Gastos com coisas belas.

Emocional: envolvimentos benéficos. Reencontros. Relacionamento feliz.

⟡ PUER – O menino (Fogo sobre Ar)

Interpretação tradicional: dificuldade. Situação complicada. Independência e rebelião. Entusiasmo. Paixão.

Interpretação na Cafeomancia:

Mental: entusiasmo passageiro. Imprudência. Rebeldia.

Material: instabilidade profissional. Risco de perdas e despesas.

Emocional: relacionamento sem futuro. Rompimento. Falta de maturidade na relação. Discussões.

⟡ LBUS – O Branco (Terra sobre Água)

Interpretação tradicional: a aceitação. Paz e calma. Tranquilidade. Todas as iniciativas serão bem-sucedidas. Controle das emoções. Paz interior.

Interpretação na Cafeomancia:

Mental: pessoa tranquila e equilibrada. Busca pela resolução de questões de forma pacífica.

Material: equilíbrio nas finanças. Estabilidade no trabalho.

Emocional: período de tranquilidade no relacionamento. Fidelidade. Surgimento de um amor.

❖ RUBEUS – O Vermelho (Ar sobre Terra)

Interpretação tradicional: a revolta. Confusão. Busca por objetivos materiais. Agitação e turbulência. Briga. Guerra e estresse. Destruição de tudo com objetivo de reconstruir. Egoísmo.

Interpretação na Cafeomancia:

Mental: pessoa agitada e com impulso para disputas. Pessoa extremamente impulsiva.

Material: situação financeira instável. Ganhos seguidos de perdas por causa de investimentos impulsivos.

Emocional: sentimentos violentos. Rompimento. Agressão na relação. Domínio. Traição.

❖ FORTUNA MAJOR – Fortuna Maior (Terra sobre Fogo)

Interpretação tradicional: muita sorte. Crescimento espiritual. Proteção. Sucesso. Concretização de objetivos.

Interpretação na Cafeomancia:

Mental: pessoa de boa moral, nobre e boa índole.

Material: bons projetos. Sorte nos negócios e empreendimento.

Emocional: relacionamento próspero. Crescimento de sentimentos.

❖ FORTUNA MINOR – Fortuna Menor (Fogo sobre Terra)

Interpretação tradicional: sucesso inesperado, mas de curta duração. Pouca sorte. Sucesso passageiro. Aproveite a boa fase. Concretização parcial de objetivos.

Interpretação na Cafeomancia:

Mental: pessoa que aparenta ser confiante, mas não é. Pouco entusiasmo. Insatisfação.

Material: imprudência atrapalhando os investimentos. Benefícios ilusórios.

Emocional: união sem futuro. Irá encontrar um amor, porém ilusório. Casamento instável.

❖ ACQUISITIO – O Ganho (Ar sobre Ar)

Interpretação tradicional: movimentos. Ganhos. Lucro e vantagem. Merecimento. Progresso. Posse.

Interpretação na Cafeomancia:

Mental: pessoa ambiciosa. Busca incessante por conquistas.

Material: enriquecimento. Transações financeiras bem-sucedidas. Novidades nos negócios.

Emocional: casamento com pessoa rica. Interesses em comum. Relação frutífera.

AMISSIO – A Perda (Água sobre Água)

Interpretação tradicional: prejuízo. Perda. Queda. Contar com falsos amigos. Restrições.

Interpretação na Cafeomancia:

Mental: mente bloqueada. Pessoa fechada.

Material: pobreza. Negócios que não frutificam. Maus investimentos. Perda de emprego.

Emocional: adultério. Relação de pouca duração. Abandono na relação.

CONJUNCIO – A Reunião (Ar sobre Água)

Interpretação tradicional: caminhos abertos. Receber ajuda. Associações. Liberdade. Boas possibilidades.

Interpretação na Cafeomancia:

Mental: pessoa diplomática e sutil.

Material: associação com pessoas trazendo bons investimentos. Ajuda em negócios.

Emocional: casamento com pessoa viúva. Relação com pessoa estrangeira. Grandes alegrias na vida amorosa.

CARCER – A Prisão (Água sobre Ar)

Interpretação tradicional: sofrimento. Problemas. Impotência. Caminhos fechados. Estar preso a uma situação. Situação pouco favorável. Necessário romper com o passado. Bloqueio.

Interpretação na Cafeomancia:

Mental: grande concentração e inteligência. Pessoa fechada em si mesma. Apego.

Material: avareza. Acúmulo de coisas. Apego a dinheiro impedindo o progresso.

Emocional: ciúme. Adultério. Apego a relacionamentos do passado.

Letras

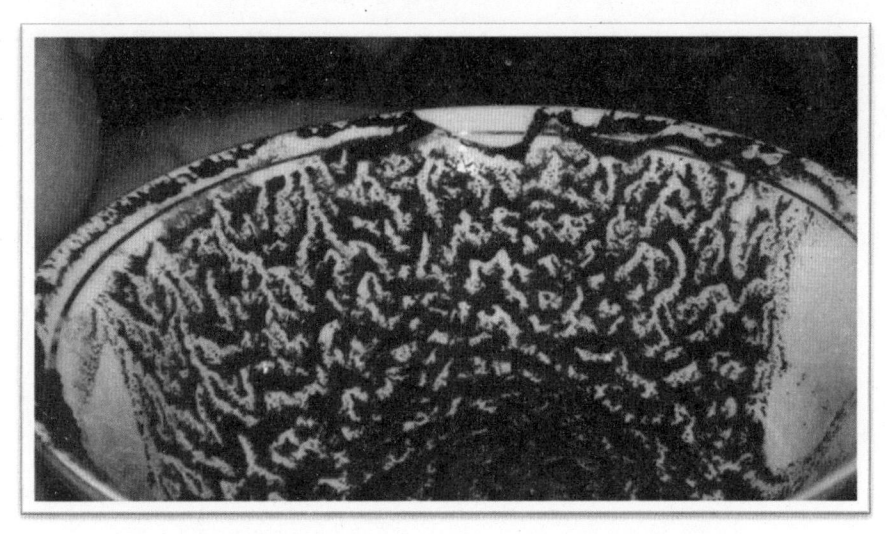

Letra M no centro da xícara seguida de muitas outras letras ao redor.

De forma geral, as letras simbolizam a inicial do nome de pessoas especiais e que de alguma forma podem influenciar ou não nossa vida, sejam amigos, filhos, parentes, sócios e até mesmo inimigos. Podemos também considerar a inicial de um mês específico.

A teoria que mais utilizo para interpretar a simbologia das letras é através da numerologia de Pitágoras, pois, segundo o estudioso, cada letra possui uma correspondência numérica que pode nos falar de características gerais e até mesmo ocupações, conforme a tabela abaixo:

LETRAS A – J – S: NÚMERO CORRESPONDENTE 1

Características gerais: original, independente, ambicioso, audacioso e vigoroso.

Ocupações: advogado, diretor, gerente, instrutor e chefe.

LETRAS B – K – T: NÚMERO CORRESPONDENTE 2

Características gerais: atencioso, paciente, respeitador, diplomático, cooperativo e gentil.

Ocupações: poeta, músico, desenhista, artista e enfermeiro.

LETRAS C – L – U: NÚMERO CORRESPONDENTE 3

Características gerais: bondoso, criativo, afortunado, artístico e sociável.

Ocupações: artista, ator, advogado, escritor, professor e juiz.

LETRAS D – M – V: NÚMERO CORRESPONDENTE 4

Características gerais: pessoa confiável, trabalhador, prático, honesto e determinado.

Ocupações: engenheiro, fazendeiro, arquiteto, escultor e empreiteiro.

LETRAS E – N – W: NÚMERO CORRESPONDENTE 5

Características gerais: esperto, adaptável, versátil, audacioso, culto, expressivo e otimista.

Ocupações: repórter, comunicação, detetive, instrutor e entrevistador.

LETRAS F – O – X: NÚMERO CORRESPONDENTE 6

Características gerais: carinhoso, leal, responsável, caseiro, magnético e amante da arte.

Ocupações: artista, advogado, professor, cantor, médico, dentista e maquiador.

LETRAS G – P – Y: NÚMERO CORRESPONDENTE 7

Características gerais: intuitivo, psíquico, espiritualista, esotérico e reservado.

Ocupações: astrólogo, líder religioso, numerólogo, mágico e benzedor.

LETRAS H – Q – Z: NÚMERO CORRESPONDENTE 8

Características gerais: eficiente, determinado, ambicioso, leal, forte e com espírito de liderança.

Ocupações: corretor de imóveis, banqueiro, arqueólogo, político e advogado.

LETRAS I – R: NÚMERO CORRESPONDENTE 9

Características gerais: humanitário, generoso, prestativo, intuitivo e inspirado.

Ocupações: político, músico, editor, cirurgião e juiz.

Partes do corpo

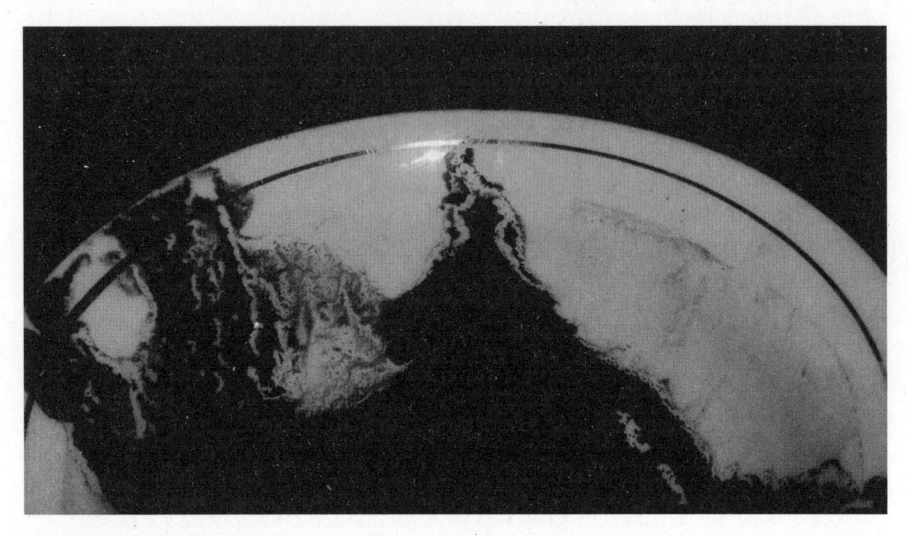

Divindade feminina de vestido longo e com uma
rosa no cabelo – centro da xícara

Boca: cuidado com o que fala, não seja inquieto e agitado, as palavras têm poder.

Braços abertos: momento de receber ótimas oportunidades.

Cabeça sem corpo: momento de decepções.

Cabeça grande: passará por grandes transformações financeiras. Seja menos agressivo.

Cabeça calva: apesar das dificuldades, você será amado.

Cadáver: momento de transformação. É hora de deixar as pessoas se aproximarem de você.

Coração: paixão forte, violenta e desregulada.

Dedos: não conte muito com a sorte nem com a ajuda de terceiros, faça você mesmo.

Dente: cuidado, problemas em sua saúde.

Feto: fertilidade e momento de gravidez.

Genitais: problemas de natureza sexual. Cuide-se.

Joelho: momento de suplicar para que algo importante se realize.

Lábios: momentos de alegria no relacionamento amoroso.

Lábios grossos: pessoa extremamente sedutora.

Língua: cuidado com o que fala e com a forma como se relaciona. Intrigas.

Mãos: momento de doar e receber.

Mulher grávida: receberá boas notícias.

Nádegas: aja com razão, talvez seu jeito deixe a pessoa ao lado apreensivo.

Nariz: deixe seu egoísmo de lado. Faro apurado para prever acontecimentos.

Olho: invejas e pessoas negativas. Cuidado.

Orelha: atenção, saiba agarrar as oportunidades, ouça mais e fale menos.

Palma da mão: fique atento, está estendendo demais a mão.

Pés: procure se movimentar, seus esforços não estão trazendo retorno.

Sorriso: seu jeito comunicativo e determinado faz com que se torne uma pessoa querida por todos.

Umbigo: nascimento de uma nova criança. Ligações e vínculos. Ancestralidade.

Símbolos diversos

ÂNCORA: decepções em breve.

ANJO: desfrutará de paz e alegria. Pode também indicar o nascimento de uma criança.

APITO: cuidado, pois pode se envolver em algum perigo ou confusão.

ARANHA: use sua sensualidade.

ARBUSTO: não discuta com pessoas próximas.

ARCO-ÍRIS: novos horizontes, a caminho da espiritualidade, crescimento.

ARMA: um ciclo se encerrando, novo ciclo se iniciando, nada será como antes.

ARROZ: abundância e generosidade.

ÁRVORE: receber herança, ganhará posição profissional por seu conhecimento.

ÁRVORES COM FLORES: acontecimentos importantes, frutos nos projetos idealizados.

ASA VOANDO: simboliza desapego, solte o passado, mantenha-se no presente.

AUTOMÓVEL: a caminho de um grande negócio, precisa ter cautela.

AVIÃO: decolar com êxito em suas atividades, pode simbolizar sofrimento por partida.

ANEL: matrimônio, associações.

BACIA: dificuldade nos assuntos amorosos, medo de se decepcionar e sofrer.

BALÃO: Momento de crise no relacionamento, cuidado com a arrogância.

BANANA: indica que o consulente está sendo forçado em alguma situação indesejada.

BANHO: equilibre sua ansiedade, medite para que haja limpeza espiritual.

BANHO EM PAR: desejo e ambições concluídas.

BARATA: você entrou em confusão, tome atitude e saia dessa.

BASTÃO: está convivendo com uma pessoa infiel.

BAÚ: segredos serão descobertos e mistérios revelados.

BEIJO ENTRE DUAS PESSOAS: aja mais com o coração e não somente com a sexualidade.

BESOURO: cuidado com amigos; podem ocorrer brigas e intrigas.

BICICLETA: seus objetivos somente serão alcançados se houver equilíbrio interior.

BOCA: pessoa inquieta e agitada, cuidado ao usar as palavras.

BOLA: algo de valor será roubado, cuidado.

BOLSA: próximo a atingir planos materiais.

BONECOS: menos paquera, pode acabar sozinho.

BORBOLETAS: sentimentos fortes explodirão, não tenha receio de crescer.

BOTAS: sucesso e êxito serão resultados desse primeiro passo.

BRAÇOS ABERTOS: sempre na expectativa para ter uma melhor oportunidade.

BRUXA: pessoa mal-intencionada à sua volta, cuidado para não ser enganado.

BUQUÊ DE FLORES: símbolo de amor e de carinho, afeto sincero.

CABEÇA CALVA: será amado, apesar das dificuldades.

CABEÇA GRANDE: menos agressividade, transformações comerciais.

CABEÇA SEM CORPO: decepções.

CACHIMBO: momento de alegria no casamento, nas amizades e no ciclo social.

CACHOEIRA: aproveite sua vida da melhor forma, cada um deve criar sua felicidade.

CADÁVER: supere sua timidez, é hora de deixar as pessoas se aproximarem.

CAIXA: pare, haja com calma, menos impulso.

CAMA: simboliza momentos de paz interna e duradoura.

CAMELO: ótimas possibilidades de transações comerciais.

CAMINHO CRUZADO: você segue com determinação, mas algo atrapalha.

CAMINHO LIVRE E CLARO: cuidado com as mudanças de planos, siga seguro.

CAMPO DE FLORES: aguarde e medite.

CARTA: cuidado para não se trair e contar segredos.

CARTOLA: amigos com segundas intenções, cuidado.

CASA OU CABANA: mudança de residência.

CASAL COM BEBÊ: notícias de gravidez em breve.

CASCATA: purificação, é hora de reavaliar para concluir suas metas.

CASTELO: loucamente apaixonado.

CEGONHA: nascimento de um sonho ou bebê.

CHAVE: pessoas que somente dão voltas e não se resolvem.

CIGARRO: novos planos, novos projetos.

CLAREZA NA BORRA DE CAFÉ: notícias importantes trarão sucesso.

COBRA PEQUENA: traição.

COBRA GRANDE: medicina e cuidados com a saúde.

CÔCO: fofocas.

COPO: livre se de mágoas, esvazie-se do passado para se encher novamente com planos do futuro...

CORAÇÃO: paixão forte e violenta.

CORDA: aprenda algo desta situação.

CRIANÇA: gravidez em breve.

CRUZ: busque a espiritualidade, cuidado com doenças.

CUPIDO: um novo amor surgirá.

COROA: força, valor e autoestima, em trabalho indica promoção.

CADEIRA: tenha prudência.

COFRE: cuidado com os segredos.

CHALEIRA COM FUMAÇA: período tumultuado.

CONCHA: fartura e tempo de colheita.

DADO: mudança em sua sorte, vale a pena arriscar.

DAMA: pessoa vaidosa, sinal de formosura.

DEDOS: não conte tanto com a sorte nem com a ajuda de terceiros.

DENTE: problemas de saúde, cuide-se.

DIABO: cuidado com o que fala, palavras tomam forma e poder.

DIAMANTE: lucros altos.

DINHEIRO: planeje-se e evite gastar dinheiro à toa.

DINOSSAURO: atualize seus conceitos, energia estagnada.

DISTANCIAMENTO ENTRE PESSOAS: receberá boas notícias.

DOCES: tudo depende de você, êxito futuro.

DOMINÓ: acontecimentos importantes e benéficos.

DRAGÃO: obstáculos difíceis são quebrados.

DUAS PESSOAS JUNTAS: objetivos a dois serão alcançados.

DUENDE: acontecimentos importantes, terá sempre ajuda por perto.

ENVELOPE: mudanças profissionais; indica também que preocupações se dissiparão.

ENXADA: quem vive de passado é museu, não desenterre velhas lembranças.

EREMITA: use sua sabedoria para vender.

ESCADA: trabalho trará bons frutos.

ESCORPIÃO: procure manter seus pensamentos afastados de tudo o que for ruim, perigo.

ESTRELA: algo novo vem surgindo, novos caminhos e esperança.

ESTANTE: pessoa com ordem interior que se expande para o exterior.

ESPADA: força, lutas, defesa. A pessoa pode estar na defensiva.

ESPIRAL: proteção espiritual.

FACA: enfrentará dificuldades, cuidado com pessoas falsas.

FADA: liberdade e beleza, conselho: mude suas atitudes.

FARAÓ: indica segurança e disciplina de alguém totalmente correto.

FECHADURA: novas portas se abrirão, novas possibilidades, não desanime.

FERRADURA: fortuna, sorte e ótimas oportunidades.

FERROVIA: não buscou outra oportunidade, outra maneira de fazer acontecer, arrisque-se e tudo vai melhorar.

FETO: fertilidade e gravidez.

FLAUTA: nascimento de criança.

FLOR: passará por fase de compaixão de sua espiritualidade.

FOLHAS: controle-se, tenha calma.

FUMAÇA: tem visão ampla, enxerga de longe. Não acredita em tudo o que vê.

FOICE: cortes e finalização de situações.

GAIOLA: você tem recursos, voe alto e não fique somente onde lhe ofereça segurança.

GANGORRA: um casal tentando equilibrar o relacionamento.

GARFOS: deseja uma reconciliação.

GARRAFA: decepção na relação amorosa, depois que discute começa a ver os fatos.

GATO GRANDE: quer liberdade e independência, busque enxergar com clareza.

GATO PEQUENO: o amor dele não mudou, continua carinhoso.

GENITAIS: problemas de natureza sexual.

GIGANTE: reaverá bens materias ou encontrará objetos perdidos.

GLOBO: a força do universo está dentro de você, vença sem remorsos.

GRAVATA: momento de se libertar das amarras.

GRUPO DE PESSOAS: conclusão de projetos compartilhados.

GRUTA: é necessário um momento de descanso interior.

GUARDA-CHUVA: procurando proteção, recuperação de dinheiro guardado.

GUIRLANDA: vive um momento de sonho, está apaixonado.

HARPA: invista em seus dons artísticos, quem sabe um instrumento musical?

HERA: abra espaço em seu interior, cresça para cima.

HOMEM: orgulho em excesso, não permite que nada o ofusque.

HOMEM LUTANDO COM UM ANIMAL: planos se concluem somente com muita luta.

HOMEM NADANDO: não desista, com calma você alcançará seus objetivos.

IGREJA: tudo em sua vida o leva a estar próximo de Deus, momento religioso.

ILHAS: um casal separado que está ligado pelo amor.

IMAGENS MASCULINAS: alguém entrando em seu caminho amoroso.

ÍNDIO: em breve viverá uma aventura e emoções.

INSETOS: pequenos obstáculos deverão ser transpostos para a obtenção de vantagens financeiras.

INUNDAÇÃO: a preocupação está sendo eliminada.

JACARÉ: pessoa acomodada, preguiçosa, não invada espaços que não são seus.

JANELA: companhia amorosa e agradável se aproxima para satisfazer sua necessidade sexual.

JANGADA: deixe que a jangada leve suas mágoas e traga as alegrias, não aja pelo impulso.

JARDIM: tudo tem seu tempo para florir, coloque as ideias em ação.

JARRO: pessoa dócil e suave, que deixa fluir os sentimentos.

JAULA: está sempre preso ao passado, por isso não consegue se libertar.

JOANINHA: não abra mão de sua liberdade, para você é importante amar e ser amado.

JOELHO: está suplicando para que algo muito importante aconteça.

LÁBIOS: grande êxito no relacionamento amoroso, também pode significar pessoa falando o que não deve.

LÁBIOS GROSSOS: pessoa extremamente sedutora.

LAÇO: solte todas as suas preocupações, as coisas devem acontecer gradativamente.

LAGARTIXA: sucesso rápido nos negócios.

LAGOSTA: felicidade no casamento, lealdade do companheiro.

LÁGRIMA: partida de um grande amor, despedida, rompimento.

LÂMPADA: iluminação, luz. Seja solidário e ajude as outras pessoas.

LÁPIS: ouça pessoas experientes, você sempre é influenciado por pessoas boas.

LAREIRA: sendo enganado por amigos, cuidado, traição.

LATA: evite inimigos, decepções certas. Ignore pessoas agressivas.

LEÃO: momento de desafio que será superado com sua força interior.

LEME DE BARCO: está se sentindo perdido, sem rumo.

LENHA: terá uma surpresa, observe mais o que acontece em sua casa.

LEQUE: situações familiares estão em sua mão para se resolverem.

LIVROS: você procura se doutrinar, está sempre em busca de cultura.

LUA: novo romance a caminho.

LUVA: vá atrás de seus ideais, não deixe que os sentimentos atrapalhem seus caminhos.

LUZ DE UMA VELA: seres de luz abrindo seu caminho, acolhendo-o. Acenda uma vela para seu anjo da guarda.

MANSÃO: conforto, tranquilidade e bem-estar para sua família.

MAÇÃ: está prestes a iniciar um relacionamento somente pela atração física.

MAPA: fará uma longa viagem ao exterior.

MARTELO: se tiver projetos, vá em frente que darão certo.

MÁSCARA: fez algo que não gostaria, está inquieto devido a essa atitude.

MEDALHA: você se livrará de um perigo, olhe bem à sua volta.

MEIA: A tentação para dar o primeiro passo será grande, analise antes de agir.

MELANCIA: adora namorar, o ideal é arrumar um amor bem-humorado e de alto astral.

MESA: mesa farta e abundância.

MILHO: mudança de cidade para a área rural.

MINHOCA: passou por humilhação, reconheça seus erros e peça desculpas.

MOÇA COM RABO DE CAVALO: pare de acumular tensões.

MULHER COM CRIANÇA: alguém da família engravidará, anuncia a chegada.

MULHER GRÁVIDA: receberá boas notícias.

MURO: obstáculos e problemas passageiros. Superação de conflitos.

NÁDEGAS: aja com mais razão, seu jeito pode deixar a pessoa ao lado apreensiva.

NARIZ: faro apurado para prever acontecimentos, deixe o egoísmo de lado.

NAVALHA: aprenda a cortar tudo o que não está sendo produtivo.

NAVIO: controle-se para não perder o rumo.

NINHO: ninho familiar, colocar a conversa em dia. Resolver problemas.

NÓ: problemas sérios e até calamidades virão, você se livrará desses perigos.

NOIVA: pessoa jovial, que vive paquerando, irá noivar, efetivação de um compromisso sério.

ÓCULOS: pessoa glamorosa que se sobressai em qualquer lugar, disposição e vigor.

OLHO: inveja, pessoas negativas.

ONDAS DO MAR: aparenta agitação, porém internamente está calmo.

ORELHA: ouça mais e fale menos, saiba agarrar as oportunidades.

PADRE: revigore-se e tenha o poder infinito dentro de você.

PALMA DA MÃO: fique atento, está estendendo demais a mão.

PÂNTANO: está saindo de um pântano, como se estivesse atolado.

PEIXE: recordações de um grande amor, significa também más línguas.

PENA: não sabe o que quer e joga as responsabilidades para os outros.

PÉS: seus esforços não estão trazendo bons proveitos, procure caminhar.

PESSOA REZANDO: tem uma ótima espiritualidade, porém não está sabendo usá-la.

PESSOA SENTADA: pessoa fiel e sincera. Sempre tem parceiros ciumentos.

PESSOA SEGURANDO VELA: deverá cumprir uma promessa.

PIANO: tenha jogo de cintura, dance conforme a música.

PINHEIRO DE NATAL: harmonia no lar, orgulho de seus filhos.

PIRÂMIDE: aquisição de bens ou de imóveis, investimentos, metas alcançadas.

POMBO DE ASAS ABERTAS: paz e harmonia em seu lar, de bem com você mesmo(a).

PONTE: época de uma nova vida, um novo caminho.

QUADRADO: momento da vida que envolve documentos, contratos, papéis. Assuntos jurídicos também são possíveis.

RAIO: não seja rígido e cheio de regras, todos cometemos falhas.

RAIZES: raízes familiares sólidas, berço, formação e nível social.

RATO: cuidado com pessoas próximas, elas podem tirar algo de você.

RAPOSA: tenha mais jogo de cintura, não se estresse.

REDE: não fique na ilusão, indo e vindo. Busque o equilíbrio.

RELÓGIO: dê valor aos momentos marcantes de sua vida, apegue-se ao que for importante.

RODA, EIXO: ofereça o que as pessoas precisam de você, assim a roda da vida vai girar.

ROUPAS: invista em você mesmo, será homenageado.

SANDÁLIAS: irá fazer um ato ou caminho de peregrinação.

SAPATO: pare, retenha seus impulsos e controle sua ira.

SAPO: sérios problemas profissionais.

SILHUETA: mulher linda e sensual, porém não consegue segurar homem algum.

SINO: o sino de seu coração bate para um amor ardente e sensível.

SOLDADO: vencerá todos os inimigos, sejam interiores ou externos.

SORRISO: seu jeito comunicativo e determinado faz com que se torne uma pessoa querida.

TAÇA: você vencerá os rivais.

TAPETE: pessoa orgulhosa, isso o atrapalha em todos os setores.

TARTARUGA: você está muito acomodado.

TESOURA: fofocas sobre sua vida, não tema a mudança.

TOCHA: saia da escuridão que possa estar o envolvendo, vá para a luz.

TELEVISÃO: tenha tolerância, respeite o momento em que a outra pessoa passa.

TREVO: prosperidade na vida em geral.

TRIÂNGULO: proposta de emprego.

TRONO: sente-se o dono da verdade, pessoa controladora.

UVA: responsabilidades a ser cumpridas, vida longa e saudável.

URSO: os brutos também amam, cuidado para não levar patadas.

UNIVERSO: sua alma irá renascer.

UMA PESSOA DE CABEÇA PARA BAIXO: controle suas emoções para que haja equilíbrio em sua vida.

UMBIGO: nascimento de uma criança.

VAMPIRO: pessoas à sua volta o(a) vampirizam, sem troca de energia.

VASSOURA: mudança de local, estado ou país.

VIOLÃO: aptidão para participar de orquestras e grupos musicais.

VULCÃO: sentimentos fortes e violentos de amor explodirão.

VULTO COM ALGO NA MÃO: o que deseja depende somente de você.

XADREZ: mistério será solucionado, a resposta será finalmente encontrada.

ZEBRA: pessoa exibida, que gosta de aparecer. Valorize mais as amizades.

⁘ POPULUS – O Povo (Terra sobre Terra)

Interpretação tradicional: banalidade. Fofoca. Influência de pessoas externas. Reunião e agitação.

Interpretação na Cafeomancia:

Mental: pessoa influenciada por terceiros. Ideias contraditórias.

Material: grandes projetos e oportunidades de ganhos.

Emocional: inimigos na relação. Vida sentimental instável. Numerosos flertes. Casos e aventuras amorosas.

CAPUT DRACONIS – Cabeça de Dragão (Ar sobre Fogo)

Interpretação tradicional: a boa orientação. Liderança. Realização. Figura lúcida e objetiva. Consciência.

Interpretação na Cafeomancia:

Mental: bons pensamentos, motivação, em busca de realização. Pessoa honesta com forte indicação à liderança.

Material: aumento de ganhos, bons investimentos. Vida financeira sólida.

Emocional: casamento. Amor correspondido. Nascimento de uma relação.

Capítulo 5

Seja um Cafeomante

Oito passos para um bom atendimento

1. Para que possamos ter uma consulta segura, é interessante mapear a energia doconsulente, analisando primeiramente o campo mental de sua xícara, que pertence ao elemento ar, situado no campo leste, no método dos pontos cardeais. Dessa forma poderá identificar quais pontos mais importantes devem ser trabalhados neste momento.

2. É muito importante criar uma empatia com o consulente. O café nunca deve ser feito com pressa e normalmente não se cobra no tempo da consulta o período em que se prepara o café. Aproveite durante o preparo para fazer com que o consulente se sinta à vontade e bem acolhido.

3. Nunca faça uso da PNL – Programação Neurolinguística, "tipo de comando", com palavras e frases, como por exemplo: "EU VEJO MORTE" "SEU NAMORADO NÃO TE AMA MAIS" "VOCÊ VAI SER ASSALTADO". Temos o dever de ser sutis, amorosos e calmos com as frases, exemplo:

"Olhe, você poderia ficar mais atento hoje com tal situação", "O que você acha de fazer um banho de sedução para aquecer seu relacionamento?", "Vou te ensinar um banho para que você possa lidar com as energias de seu ambiente de trabalho, pois vejo aqui que elas não estão muito boas".

4. O cafeomante deve sempre estar à frente de sua consulta. Deve escutar o consulente e ajudá-lo a fazer a pergunta de forma objetiva, ir direcionando sempre, sendo energético e ao mesmo tempo carinhoso.

5. Nunca devemos menosprezar a "loucura" do consulente e ridicularizar a pergunta dele.

6. Nunca deixe o consulente que chegou até você sair pior do que entrou, use material de apoio, banhos, preces, magias, reiki etc., o que for melhor para ajudar o consulente da melhor maneira possível.

7. Trabalhe de bom humor, abra o café com amor, sinta-se à vontade, deixe o consulente à vontade. Nunca abra um oráculo de mau humor ou se não se sentir bem. Não force.

8. Por fim, deixe claro ao consulente que todos os oráculos são orientadores e que mostram tendências e a melhor direção a seguir, mas que o futuro pode mudar sim, conforme o livre-arbítrio do consulente nas situações do presente.

Bibliografia

Apostila: *Curso de Cafeomancia*, de Mirta Herrera Camerini.

FAUR, Mirella. *Mistérios Nórdicos*. São Paulo: Pensamento, 2014.

GORI, Tania. *Bruxaria Natural — Uma Filosofia de Vida*. São Paulo: Madras Editora, 2012.

HAMPARIAN, Archalus. *Leitura na Borra de Café Através dos Símbolos*. Edição do autor, 2009.

HEYSS, Johann. *Iniciação à Numerologia*. Santo André/SP: Presságio Editora, 2015.

RODRIGUES, Antônio. *Geomancia: O Oráculo do Futuro*. São Paulo: Master Books, 1997.

SAMS, Jamie e CARSON, David. *Cartas Xamânicas*. Rio de Janeiro: Rocco, 2000.

Leitura Recomendada

A Cigana Dara
Em Busca de Si mesma e da Magia da Vida

Ceres Schoeny

Em seus estados febris, a Cigana Dara revia sua vida. Imagens embaçadas mostravam uma gadjé ruiva, de olhos azuis, quando era bebê recém-nascida, sendo tirada do seio da mãe em sua primeira mamada... e sua mãe chorando, sendo levada... Era um ataque dos não ciganos ao acampamento onde vivia com seu pai e os irmãos ciganos.

Tarô do Cigano
J. DellaMonica

Finalmente o leitor brasileiro tem em mãos o mais antigo, completo, autêntico e bem elaborado texto sobre o afamado *Tarô Cigano*. Esta esmerada edição contém 36 cartas coloridas, em que estão as respostas às dúvidas, às perplexidades, às perguntas que todos nós fazemos – na verdade, às perguntas que temos de formular se quisermos ser os senhores de nosso destino.

O Tarô Mitológico
Acompanhado das 78 Lâminas Coloridas

Juliet Sharman-Burke e Liz Greene

Muitos consultam as cartas de Tarô com a intenção de saber sobre o futuro ou receber um milagre, mas esse oráculo, ao contrário, nos ensina a desenvolver a nossa própria capacidade de enxergar probabilidades de caminhos reais para resolvermos nossos problemas que, até então, nos pareciam insolúveis.

www.madras.com.br

MADRAS® Editora
CADASTRO/MALA DIRETA

Envie este cadastro preenchido e passará a receber informações dos nossos lançamentos, nas áreas que determinar.

Nome _____
RG _____ CPF _____
Endereço Residencial _____
Bairro _____ Cidade _____ Estado ____
CEP _____ Fone _____
E-mail _____
Sexo ❑ Fem. ❑ Masc.   Nascimento _____
Profissão _____ Escolaridade (Nível/Curso) ____

Você compra livros:
❑ livrarias   ❑ feiras   ❑ telefone   ❑ Sedex livro (reembolso postal mais rápido)
❑ outros: _____

Quais os tipos de literatura que você lê:
❑ Jurídicos   ❑ Pedagogia   ❑ Business   ❑ Romances/espíritas
❑ Esoterismo ❑ Psicologia   ❑ Saúde   ❑ Espíritas/doutrinas
❑ Bruxaria   ❑ Autoajuda   ❑ Maçonaria   ❑ Outros:

Qual a sua opinião a respeito desta obra? _____
_____

Indique amigos que gostariam de receber MALA DIRETA:
Nome _____
Endereço Residencial _____
Bairro _____ Cidade _____ CEP _____

Nome do livro adquirido: **Oráculo da Borra de Café**

Para receber catálogos, lista de preços e outras informações, escreva para:

MADRAS EDITORA LTDA.
Rua Paulo Gonçalves, 88 – Santana – 02403-020 – São Paulo/SP
Caixa Postal 12183 – CEP 02013-970 – SP
Tel.: (11) 2281-5555 – Fax.:(11) 2959-3090
www.madras.com.br

MADRAS® Editora

Para mais informações sobre a Madras Editora,
sua história no mercado editorial
e seu catálogo de títulos publicados:

Entre e cadastre-se no site:

www.madras.com.br

Para mensagens, parcerias, sugestões e dúvidas, mande-nos um e-mail:

marketing@madras.com.br

SAIBA MAIS

Saiba mais sobre nossos lançamentos,
autores e eventos seguindo-nos no facebook e twitter:

@madrased

/madraseditora